英汉互译策略在教学中的应用与探究

侯卫霞　著

西北工業大學出版社

西　安

【内容简介】 本书包括英汉互译综述、词汇翻译教学难点、教学中常用句型的翻译教学分析、段落篇章翻译和中英美文翻译赏析共五章内容。

本书可供高等院校师生和其他英语教学人员阅读，也可作为英语爱好者自学的参考书。

图书在版编目（CIP）数据

英汉互译策略在教学中的应用与探究 / 侯卫霞著
. -- 西安 : 西北工业大学出版社, 2020.3
ISBN 978-7-5612-6864-3

I. ①英… II. ①侯… III. ①英语－翻译－研究
IV. ①H315.9

中国版本图书馆 CIP 数据核字(2020)第 040989 号

YINGHAN HUYI CELüE ZAI JIAOXUE ZHONG DE YINGYONG YU TANJIU
英 汉 互 译 策 略 在 教 学 中 的 应 用 与 探 究

责任编辑：何格夫　　策划编辑：雷　鹏
责任校对：王梦妮　　装帧设计：吴志宇
出版发行：西北工业大学出版社
通信地址：西安市友谊西路 127 号　　邮编：710072
电　　话：（029）88493844　88491757
网　　址：www.nwpup.com
印 刷 者：北京市兴怀印刷厂
开　　本：710 mm×1 000 mm　1/16
印　　张：13.75
字　　数：240 千字
版　　次：2020 年 9 月第 1 版　2020 年 9 月第 1 次印刷
定　　价：68.00 元

前　言

翻译是人类交际中非常重要的一部分，有着悠久的历史，它和语言几乎同时产生。自从人类活动出现，翻译活动也就随之存在。随着网络的发展以及国与国之间频繁的交往，翻译的桥梁作用显得越发重要。

作为一名从教十多年的高职高专教师，笔者结合自己的教学经验和现存的问题——学生基础薄弱，英语水平参差不齐，中西文化知识欠缺，从学生的具体学情出发，根据高职院校的实际情况编写了本书，以期为高职高专院校翻译教学体系的构建略尽绵薄之力。

本书共五章。第 1 章为英汉互译综述，主要介绍翻译以及翻译教学的国内外研究现状，最后归为高职高专院校的翻译教学研究，提出翻译教学中存在的问题和困难，并指出解决方法——一些在翻译理论支撑下的具体策略。同时还强调跨文化交际的重要性，指出文化差异对翻译的影响。第 2 章为词汇的翻译探究，分为两部分。第一部分是词汇具体翻译方法的探究，主要研究词汇翻译的各种方法——具体译法、抽象译法、增减词法、褒贬译法、成语译法、谚语译法、歇后语译法、转性译法和转态译法等，并且根据具体的法则罗列丰富的例子。这些例子大多选自于日常生活，也有一些来自于文学作品以及其他的文体。第二部分为词汇翻译难点的探究，重点研究成语、谚语、俚语、惯用语、歇后语、颜色的翻译、词类的搭配、修辞格等，并阐述文化对翻译的影响。第 3 章为句子翻译的讲解，主要通过常见的译法句式的表达和翻译策略展开说明。第 4 章是段落篇章的翻译，对不同的文体所采取的不同翻译方法进行区分，如常见的旅游文本的翻译、政府报告文本的翻译以及文学作品翻译。在文学作品翻译中，对诗歌、散文、小说中中英文化中很多难以翻译的意象展开说明。第 5 章是中英美文的翻译欣赏，其中汇集了新闻报告、散文等不同的文体。

本书理论阐述简明扼要，只简单介绍一些相关的基本理论。有了理论的支撑才能更加有效地指导英汉翻译的实践活动。全书举例丰富，讲解详细，循序渐进，从词汇探究到句子分析，再到段落赏析，列举大量的例子，形象生动，易于理解，适用于高职院校的学生阅读。

在本书编写的过程中，为了保证论述的全面性与合理性，引用了相关专家、学者的观点，在此表示最诚挚的谢意。同时，本书的编写也得到了山西财贸职业技术学院领导和同事的大力支持，在此一并表示感谢。

由于水平有限，书中难免存在疏忽和遗漏之处，敬请广大读者批评指正。

作　者

目　录

第1章 英汉互译综述

1.1 国内外翻译教学的研究现状

1.1.1 翻译的定义

在全球化时代背景下，国与国之间的交流日益加强。中国与世界其他国家的交往日益频繁，翻译作为一种交际的媒介，其重要性也日益显现，它逐渐地担负起了促进世界各族人民相互交流、共同发展的重任。实际上，翻译与我们越来越近，我们已经生活在翻译时代，生活离不开翻译，就像我们离不开语言。改革开放40多年来，我国综合实力不断增强，我们国家与世界各国之间的政治、经济、文化等方面的联系也不断增加。而翻译，在当前对中国社会发展的贡献是史无前例的，它无论在规模上还是质量上，都时刻影响着中国的发展。同时，随着“一带一路”的提出和对外开放的不断深入，整个社会对于翻译的需求也日趋增加，中外政治、贸易、经济、文化等等都离不开翻译。为了适应我国国情发展的需要，为了促进中外交流沟通，为了保证中国与各国之间的政治、经济、文化上的往来，培养高质量、高层次的应用型翻译人才是必不可缺的。

众所周知，翻译活动有着悠久的历史，几乎与语言同时诞生。法国翻译理论家米歇尔·巴拉尔(Michel Ballard)指出，西方“有关口译活动的最早记载，见于公元前两千多年的上埃及埃利潘蒂尼岛的古王国王子的石墓铭文”，而根据中国翻译史研究专家马祖毅推测，几乎在同一时期，中国也出现了最早的口译活动。大约在夏商时代，就应该出现了翻译活动。《册府元龟·外臣部·朝贡》中这样记载：“夏后即位七年，于夷来宾。少康即位三年，方夷来宾。”这个如果不足为证，还有《周礼·秋官》中关于周王朝翻译官职象胥的记载则有力地说明了中国翻译历史的长久。象胥就是负责接待来朝使节的大行人的属官。“掌蛮夷闽貉戎狄之国使，掌传王之言而喻说焉，以和亲之。若以时入宾，则协其礼与其言辞传之。”由此可见，“象胥”就是“译者的意思”，行译者之责。纵观中国历史，第一次大规模的翻译活动开始于东汉桓帝末年安世高译经，也是我国历史上第一个翻译高潮。明末清初和鸦片战争到清末，也有两次西学翻译高潮。

季羡林先生也曾说过：世界上既然任何文化都不能永存，都是一个发展的过程，那有着五千年历史的中华文化为什么偏偏打破了这个说法，能永存至今呢？这里一定是翻译在起作用。若拿一条河流来做比较，中华文化这一条河流有水满的时候，但从未枯竭，原因就是不断有新水注入。注入的次数大大小小是颇多的，最大的注入有两次，一次是印度来的水，一次是西方来的水，而这两次的大注入全是依靠的翻译。中华文化之所以能永葆青春，万应灵药就是翻译。翻译之为用大矣哉。(林煌天，1997)为什么翻译能够让文化长存？究竟什么是翻译呢？翻译是可行的吗？翻译有什么用处？有哪些因素影响着翻译？等等。这些问题在学术界一直争论不休。形式多样的翻译活动给人们对“翻译”的界定造成了很多的困难。下面首先看看国内外不同学者对翻译的界定。

1.1.1.1 国外具有代表性的翻译界定

翻译，指的是无论是从语义还是到文体，在译语中用最自然、最接近的对等语再现源语的信息。(Translating consists in reproducing in the receptor language the closest natural equivalent of the source language message，first in terms of meaning and secondly in terms of styles．) [美国翻译理论家尤金·奈达(Samuel Johnson)的观点]这是国外代表性比较强的翻译定义。

翻译，指的是一种语言(源语)的话语被另一种语言(目标语)中的对等的话语替代。翻译主要有两种存在状态：源语，也就是译出语；目标语，也就是译入语。[英国著名的语言学家和翻译理论家卡特福德(J. C. Catford)的观点。]

翻译，指的是从源语言文本到目的语言文本，两者尽可能接近等值，并且能够对源文本的内容和风格提前理解。[德国翻译学家威尔斯(Wilss)的观点。]

翻译，指的是一种产生于目标语文本，而且可以和源语言文本有一定的关联。并且源语言文本是依据目标语文本的要求而设定的。(Translation is the production of a functional target text maintaining a relationship with a given source text that is specified according to the intended or demanded function of the target text.)[德国功能翻译学派克里斯蒂安·诺德(Christiane Nord)的观点。]

1.1.1.2　国内具有代表性的翻译界定

文学翻译指的是借助于一种语言，可以把原来作品的艺术意境传达出来，使读者在读译文时可以感受到像是在读原作一样获得启发、感动和美感。(茅盾的观点)

翻译，指的是把一种语言文字的意义可以用另一种语言文字表达出来，它具有艺术特征，主要强调了翻译的艺术性和技术性。(谭载喜的观点)

翻译，指的是一种跨文化的交际活动，它是以符号转换为手段，意义再生为任务而进行的。(许钧的观点)

翻译，指的是一种语言活动，它可以运用一种语言把另一种语言所表达的思想准确无误且完整地表达出来。(张培基的观点)

综上所述，无论是国内还是国外的学者虽然都对翻译进行了不同的界定，但具有共同的特征，都认为翻译是一种文字间的转换活动。它有以下三个特征：第一，力求使翻译作品和原作品保持等值。第二，这种等值要求做到尽可能等值，而非为了追求所谓的等值，而去除了原作品要表达的含义。第三，翻译者的工作仅仅只是完成文字间的转换而已，并非要改变其原意。

1.1.2　翻译的特征

1.1.2.1　社会性

翻译活动的存在是由于人类活动的需要而产生的。翻译是一种跨文化交际的行为，语言不通的各国人们需要交流，而交流就需要语言。由于人与人之间的交流所形成的一种关系就具有了社会性。在悠久的历史长河中，翻译始终是各民族、各文化之间交流的媒介，以及最主要的依靠方式。翻译是在人类活动发展到一定的阶段才出现的，并且随之不断地发展和丰富。现代语言学家索绪尔(Ferdinand de Saussure)在《普通语言学教程》(*Cours de Lingustique generale*)中强调了语言的社会性。他说语言是言语活动的社会部分，语言是一个关系的系统，社会给予这些关系以意义。以往传统的翻译观认为，翻译就是简单机械的符号转换。但是实际上，翻译活动无时无刻不受社会因素的制约。举例来说，翻译能够直接影响到中国能否获得诺贝尔文学奖，对于我们中国这一文化大国来说，这是遗憾。如果我们能做出更好的英文译本，是否能得到更多的文学奖呢？所以翻译能直接影响到一个国家的荣誉，也能反映出一个社会的进步。随着现在社会的迅速发展和文化融合，我们所进行的翻译活动也必须适应时代和社会的发展，也必须从过去的传统方式进行转型，所以翻译的社会性已经引起了学者们的高度重视。

1.1.2.2 文化性

语言与文化之间的关系和影响，是当代语言学家与文化专家最关心的问题之一。文化研究一直都是一个热门话题。与此同时，在研究翻译中，文化因素也越来越受到了重视。每个人的文化背景、生活方式以及受教育程度都不同，这就导致在交际的过程中人们对同一事物的理解程度也不一致。然而，不同的民族所处的物质、社会及宗教等环境都不同，所以生长在不同语言环境下的人们就会产生不同的语言习惯。换句话说，不同的文化背景也就形成了不同的语言习惯或说话方式。从这个层面上来看，任何人之间的交际都是跨文化交际，差异仅仅只是程度上的不同，而非本质的。

自从产生了人类活动，跨文化交际就随之产生。然而，要保证交际活动的正常进行，就离不开翻译。不同语言与文化的人们要进行交际，就必须依靠翻译来完成。因此，翻译活动随之就产生了。不同文化的交流，不同思想的碰撞，都离不开语言。翻译就是在一定的社会语境下的一种交际过程，是一项跨语言、跨文化的交流活动。总而言之，跨文化交际的出现促使了翻译活动的产生，而翻译的产生也极大地促进了文化的发展。两者相互促进，相互影响。

1.2 国内外翻译教学的现状

21世纪充满了挑战，它是一个知识和技术快速腾飞的时代，也是人类文明日新月异发展的世纪。正如刘必庆指出，全球性经济的整合，科技的发展和世界文化的多元化、多方位、多层次发展是 21 世纪的三大景观。然而，伴随着三大景观的是三大趋势，即全球性的交流互动趋势、全球性的改革变革趋势，以及全球性的知识提高、深化和普及趋势。这三大景观和三大趋势与翻译的关系极为密切，集中体现在四个方面的巨大需求上，即人才需求、产品需求、功效需求和质量需求。他的这一论断，极其深刻地反映了新时期对翻译人才的需求。更加重要的是，新时期复合型、应用型翻译人才得到了高度的重视。对于翻译人才而言，他们不仅要精通外语，而且要精通中国的传统文化。正如何刚强所言："这其中尤其要重视能够胜任从事中国传统文化、中国国情资讯外译的研究型人才。"因此，新时期培养高素质的翻译人才迫在眉睫。翻译教学就尤为重要。翻译教学是培养翻译人才的重要方式，对于多元文化主题下的社会有着一定的促进作用，同时，也维护了文化的多样化。

1.2.1　翻译教学的重要性

中国历史上第一次大规模的文化翻译活动就是东汉末年的佛典翻译。它给中国带来了佛教文化，融合了佛教与中国儒家文化，也丰富了中国原有的文化。到了明末初清，徐光启等知识分子与耶稣会士合作翻译西方自然科学著作促进了中国自然科学的进步与发展。洋务运动时期，由于主要引进西方先进技术，更多的是一些科技类的翻译文献，同时也丰富了许多词汇和专业术语，大多沿用至今。19 世纪末到 20 世纪初，中国翻译更是掀起了热潮。西方的方方面面，包括语言、文化、经济、文学、科技等等。尤其在新文化运动和五四运动时期，许多小说的"输入"被知识分子翻译，改造了社会。到了 1949 年新中国成立以后，以杨宪益、戴乃迭为代表的翻译家将中国各种文学作品翻译成了英语，其中尤以《红楼梦》全译本为代表，促进了中国文学在英语世界的传播，对介绍中国文化起到了非常重要的作用，也让世界认识了中国。

进入 21 世纪，翻译的重要位置也得到了凸显。一方面全球化使中国与各国的联系越来越紧密，越来越频繁的政治活动、文化活动、经济活动都需要翻译。另一方面，自 1978 年改革开放以来，中国综合国力逐渐增强，在国际上的地位和影响力也越来越大，中国需要把自身优秀的文化传出去，也要把国外优秀的文化、科技等“引进来”，这之间的联系更离不开翻译。承载着中国文化的中国文学、中国戏曲更应该翻译成各国语言，让全世界都能够认识中国、了解中国，让中国在国际舞台上能够更好地发挥作用。要想把中国国情和中华文化传播到世界各地，不仅需要语言的功底，还要对我国文化和西方文化有非常深刻的了解和认识，双方文化的差异更是翻译者必须要清楚的。

培养翻译人才，是为适应我国国情需要和发展需要必不可缺少的。而我们如何培养翻译人才，首先要认识到翻译教学的重要地位。正如穆雷所言，通过翻译教学，才能使得翻译理论广泛传播；通过翻译教学，翻译事业才能获得新生力量，才能永葆学术青春。我们的社会主义现代化建设，需要培养相当数量的和高质量的翻译工作者，而在这支队伍的建设中，翻译教学承担了很重要的任务，甚至可以说，翻译教学是翻译这一学科发展的命脉。中国的改革开放与世界的关系越来越紧密，因此，翻译就愈加重要，国外大量的新闻、文化、科技、经济等很多的材料需要翻译为中文，同样中国大量的文本信息也要翻译为外文，所以新时期的中国对于翻译人才和翻译市场迫切需要。

新时期对翻译人才的需求和对翻译教学都提出了更高的要求。翻译教学是培养翻译人才的初级阶段，但是也是至关重要的一个阶段。学习任何事物，兴趣是最主要的。因此，在初级阶段培养学习者的兴趣尤为重要。激发学习兴趣，引导并激发他们学习语言的兴趣，为今后的翻译学习打下良好的基础。要把更多的时间放在翻译实务环节，将语篇分析和翻译技巧巧妙地结合。在这样新时期的背景下，国家高度需求高质量、高素质的文化翻译人才、文学翻译人才以及应用型人才。翻译是一门融合了语言学、文学等好多学科的综合课程，所以翻译教学承担了举足轻重的作用。

1.2.2 翻译教学的现状

近年来，我国在翻译教学方面取得了一定的成绩，涌现出了一批批优秀的翻译教师，培养出了一批批优秀的翻译人才。但是，在翻译教学中还是存在很多的问题。比如，徐金榜认为，翻译教学的问题在于课时少；教学方法陈旧、呆板，不符合教学的规律；教材过于单一。

1．对翻译教学的重视度远远不够

长期以来，处于边缘地区的翻译教学无法引起大家足够的重视。很多人根深蒂固地认为，只要掌握了一门外语，就可以承担起翻译的工作。只要是从事外语教学的教师，就可以承担起翻译教学的工作。这种观点是完全错误的。近年来，很多高校也已经意识到了翻译教学的重要性，在其课程设置和课时安排上都做了相关的调整。尽管如此，翻译始终不能像我们的专业课一样得到应有的重视。随着教学改革的推进，有很多学校对英语教学更加重视，也增加了很多课时。但是具体到翻译课程来说，并没有像英语专业听、说、读、写的专门安排课程，而是放到了选修课程当中，甚至直接将翻译课程穿插到专业英语教学中，这不仅让翻译课时急剧压缩，也缺乏系统、整体的教学，学生无法认识到翻译的重要性。翻译课到底开设几个学期，每个学期开设课时是多少，应由什么样的教师来授课，等等，很多学校对于这些问题的重视度还不够高，导致开设课时不科学，教师、学生积极性不高，教学内容传统陈旧等一系列问题。还有一些教师没有充分理解翻译教学的意义——它不仅可以提高学生的英语文化语言修养，还可以丰富学生的文化背景知识，培养学生的跨文化交际能力，从而为社会做出更多的贡献。

2．教师对翻译教学的认识不够

尽管很多教师是英语专业出身，但受传统思想的影响，在他们看来，翻译仅仅只是一种技能而已，更多地将重心放在英语语法、写作上面。总觉得翻译不像文学或语言学那样博大精深，需要深入研究，对于翻译教学也持有一种轻视的态度，不愿从事翻译教学。即使已经做了一定的翻译教学工作，也不愿花时间、花精力去精心准备或是批改学生作业。这种理解和认知使得他们削减了对翻译教学工作的热忱，从而会导致一种懈怠的教学态度和工作态度，不愿去花费更多的时间去研读教材以及教学方法。因此，翻译一直处于我国的教学边缘。据陶友兰统计，我国的翻译教材数量增加趋势如下：1949－1965 年为 2 本；1966－1976 年为

0本；1977－1989年为55本；1990－1998年为41本；1999－2009年为150本。大多教材都是文章翻译，以语法语篇为主，没有两种语言翻译下的对比，也没有翻译技巧的讲解，大多都是以前教师为了不局限某一教材，自己编写或者拼凑一些教学材料当作教材发给学生，并且反复使用很多年，这样的翻译教材对学生、对老师而言都缺乏新意。无法与时俱进的教材，根本无法让学生提起学习兴趣，更不用说学好翻译、掌握翻译了。由于没有及时更新的翻译教材，教师和学生都不太重视翻译课程。

3．教学方法不够科学有效，比较单一

我国的教学方法比较单一，没有系统性。“我国的外语教学多年来一直强调以内容和结果为中心，注重知识的获得，而忽视了学习的过程和学习方法的培养，也不注重知识的运用和技能的使用”(黄国文，2000)。长期以来，很多教师认为，翻译课就是让学生加强翻译练习，教师少一些讲解，学生多一些练习。这无疑把翻译课当成了集训班，把刚刚步入翻译领域的学生当成了有经验的翻译工作者加以培训，忽略了翻译理论的教学、语言与语言之间的关系、文化与语言的关系、文化与文化的关系等等，也导致了学生翻译形式呆板，无法举一反三。大量的重复训练，反而让学生产生了厌学心理。在传统教学的模式中，重实践，轻理论，重语法。很少有译文对比、赏析、讨论等更高层次的教学形式和教学方法。然而“在翻译教学中发展翻译能力需要有利的教育方法”(苗菊，2007)。实际上，为了进一步促进教学，有效地提高学生的翻译能力，翻译课堂既要有教师的讲解，也要有学生的积极参与。两者是相辅相成的。教师在讲解的过程中，要注意得当的教学方法，要富有启发性，充分调动学生的积极性，要启发学生掌握一定的翻译方法和规律，教师可在一旁指导监控。学生必须亲身经历，才能领悟翻译的规律。如果老师一味地讲解灌输，学生很难有自己的思维或创造性思维。师生必须互动，学生之间也要有讨论交流，以提问、组内互改、师生探讨等多种课堂形式，营造出一种师生相互协作的氛围，共同总结规律经验，这样才能达到理想的教学效果。让学生轻松自如地发现、探讨、总结、交流，逐渐能够熟练地掌握双语转换，培养学生自觉运用规律技巧的习惯。课堂测验更要多样化，不能单一重复，否则学生很难提起对翻译的兴趣，也无法考查出学生真正的能力水平。

4. 学习者对翻译的认识不够

一方面，很多翻译学习者只是单纯地认为翻译就是一种工具而已，只要扩大词汇量，就完全可以胜任翻译的工作。这种错误的态度使得他们在学习时方向错误，把大量的时间用在了识记单词、盲目扩充词汇上。他们认为，只要认识单词，翻译不是问题。这就使得他们不愿在翻译上下太多的功夫，这就使得他们在学习中过多地依赖于字典，而在考试中遇到生词就会不知所措，失去了方向。另一方面，很多翻译学习者认为除了词汇之外，只要理解了上下文，就自然可以做到准确的翻译。他们忽略了翻译不仅需要丰富的词汇，而且需要对母语和外语都非常精通，忽略了翻译中的文化因素，中西方的文化差异，也忽略了深入探究翻译技巧和相关理论的学习。所以翻译不仅仅是两种语言的单纯转换，要想翻译出高质量的文章，就必须结合文化知识，不仅需要对语言基本知识有所熟悉，还要对文化差异有一定的了解。因此，翻译学习者在学习时，首先应该端正态度，正确认识翻译学习，这样才能不断地激发自己重视翻译，重视翻译的学习和探讨，提高自己的语言能力，从而为学习翻译打下良好的基础。

综上所述，尽管翻译教学在其发展过程中也取得了显著的成绩，但是也存在很多问题。深入了解这些问题，把握现存的困难，有助于我们更好地进行翻译教学工作的创新和改革。

1.3　高职高专翻译教学综述

《普通高等专科学校英语课程基本要求》(简称为《基本要求》)规定："普通高等专科英语课程教学的目的，首先是以培养学生掌握必需的、实用的英语语言知识和技能为基础，其次要培养学生具有阅读和翻译与本专业相关的英文资料的初步能力，并为进一步提高英语的应用能力打下一定的基础。""英语教学的最终目的是使学生能够阅读与翻译与本专业相关的英文资料。因此，必须在整个教学过程中突出实际运用，加强语言实践能力的培养，重点培养读译技能。"所以提高阅读和翻译能力，这也是时代的需要，是社会发展的需要。作为外语教师，不仅要培养学生的听、说、读、写能力，更要加强培养学生的翻译能力。然而，翻译不是单纯的两种语言之间的互译，所以翻译教学工作在高职高专院校更是任重而道远。

1.3.1 高职高专翻译教学现状

高职院校的学生英语水平参差不齐，基础薄弱。大多数学生对英语学习缺乏兴趣，导致在学习中缺乏积极性和主动性。他们词汇量匮乏，语法知识欠缺，缺乏分析理解长句子的能力，在英文篇章的理解中不能做到准确无误，这就导致在英汉的翻译中经常出错，常常词不达意。学生普遍存在的学习问题反映在日常教学的每一堂课中，所以高职高专的翻译教学也存在很多的问题。

1．教学目的实践性不强

英语仅仅只是一种工具，学习语言的最终目的是交流。然而，在长期的应试教学模式下，学生对于语言的实际运用能力掌握得并不好，一味地做题、答题，基本的交流也完成不了。因此，对于英语的实践能力应当引起重视，在课程设置中应该增加其实践性，这样才能适应社会的真正需求。

2．教学方法的单一和落后

大多数的翻译课程仍然受传统教学思想的影响，教师仍然处于主导地位，是整个课堂的主体。整堂课，教师讲解多，学生参与少。教师只是单向地灌输知识，而学生却是在被动地接受。这种“满堂灌”的教学模式不会给学生留有思考和消化的时间，不但达不到相应的教学效果，而且会抹杀掉学生的学习兴趣以及学习知识的积极性和主动性。

3．教材的编选不合理

翻译是一门实用性很强的课程，而在教材中所选取的例文，大多实用性不强。第一，很多的翻译是脱离了语境的，仅仅只是孤立的、单句的翻译或者段落的翻译。第二，译文难易度的把控不合理。所选的译文不能从学生的学情出发，针对参差不齐的学生，讲解内容应该难易适中，让大多数学生都能够接受。第三，译文的题材选择不够广泛，应该涉及更多的领域，而不是盲目地对国外的书刊进行整理摘录，进而进行翻译。

4. 缺乏系统的翻译理论的指导

翻译教学必须有一定的理论作为指导，翻译教学必须理论与实践相结合、理论与实践并重。翻译理论对翻译实践起着非常重要的指导作用。首先，有了翻译理论的支撑，学生在进行翻译时才能有正确清晰的思路。方向是正确的，在接下来的翻译中就会少走很多弯路。其次，有了翻译理论的支撑，学生在今后的翻译实践中可以增强其思辨能力，在更大程度上提高其翻译水平。正如何文安所说，学生在翻译的过程中经常会遇到很多问题，看似都能看懂，但是很难用精准的语言来表述出来。当遇到难理解的长句子时，经常东拼西凑地来翻译，往往对原文进行了很大的消减。翻译教学中的这些问题，都反映出了学生没有正确的翻译观，同时反映出了翻译教学缺乏理论支撑。目前的翻译教学理论缺乏科学性和系统性，且针对性不强。翻译教学仍然是以讲授翻译技巧和翻译知识为主要的内容。

1.3.2　翻译教学的改进策略

在高职英语中，应用翻译课程有着很重要的作用，它能够促进培养职业技能型人才。因此，教学课改是高职英语翻译的主要关注点，同时它的目标是建设应用翻译的教学模式，在这一过程中要以突出培养职业能力为主题。在教师的教学活动中，要重点改善教师的教学方法，以此来加强学生的翻译实践能力，从而达到教学目标。

1. 转变教学观念，理论与技能并重

翻译理论在翻译教学中担负着极其重要的作用，有了理论的支撑，学生才能在翻译中逐渐学会分析和解决问题。我们经常会遇到这样的情况：在翻译教学中，学生很多时候能够读懂文章，能够理解大意，但是将它翻译成准确的语言却是非常困难的。由此可以看出，他们缺乏相关理论的学习。所以教师在教授翻译知识时，要注意加强翻译理论的讲解，让学生不仅明白要如何翻译，而且懂得为何如此翻译。因此，翻译理论的学习必不可少。从林璋先生的观点来看，翻译理论是一个宏观的架构，能在翻译之前帮助译者决定组织译文的思路。有了正确的思路后，即使做一些细微的调整，也是可以的。但是，如果没有明确的思路或者思路不正确，那么整个译文就需要做大的调整和修改，更有甚者，需要译者重新开始翻译。而且，有了明确的翻译理论后，能够帮助增强学生的应变能力，也可以帮助学生用理性的思维去认识客观事物，并指导实践活动。翻译理论作为一个学习工具，可以帮助学生认识翻译活动和指导翻译实践。

翻译理论教学的主要作用，就是辅助学生认识翻译，解决学生在翻译中的问题。通过学习理论，在这一过程中加强和提高学生对翻译活动的认识，培养学生自觉地将翻译理论知识逐渐转变为一种意识，树立正确的翻译观，进而在这一基础上提高学生的翻译实践能力。因此，教师在教授翻译知识的过程中，应该首先从改变思维模式出发，将单纯的教授转变为在翻译理论支持下，理论与实践相结合的翻译教学模式，从翻译理论的高度去启发和引导学生进行翻译实践活动。然而，翻译理论的选择必须结合多方面的需求，首先要满足翻译教学目的，还要结合目前的教学现状。换句话说，翻译理论教学和翻译实践活动紧密相关，相辅相成。翻译理论用来指导翻译实践，可以减少实践的盲目性，从而提高了教学效率。翻译实施结合了两种语言转换的、复杂的实践活动，因此学习了解两种语言是前提。由此来看，翻译教学的第一步应该放在语言的宏观对比上。翻译教学是高职高专语言教学中必不可少的一部分，因此，我们应该顺应时代发展的趋势，及时改进教学方法，提高教学成效，以教带学、以学助教，把学生培养成新时期全面发展的应用型翻译人才。

2. 转变教学模式，以学生为中心

长期以来受传统教育模式的影响，高职高专院校目前的翻译教学仍然是以教师为中心，“满堂灌”和“填鸭式”的授课模式。在这种模式下，翻译就逐渐地演变成了一种机械模式，从而丧失了它的探索性。近年来，随着教改的不断深入进行，很多院校已经开始意识到了教学模式需要转变，他们坚持实现以学生为中心的教学理念。教师逐渐转变角色，从主导者转变为引导者。在教学中，充分发挥教师的启发、引导作用，鼓励学生更多地参与到教学活动中，充分发挥学生的主导作用。学生由传统教学中的接受者转变为参与者。从这个意义来说，翻译对于学生而言就变成了一种通过从实践中积累经验，从而逐渐构建自己的专业知识的过程。学生充分参与，而教师只是启发和指导。在这个角色转变的过程中，教师要努力做到：第一，注意自身角色的转变。要时刻提醒自己从课堂的主导者转变为引导者。教师的作用是通过启发、引导，教给学生学习的方法，让他们学会学习。第二，在引导的过程中，要注意使用适当的方法，充分调动学生学习的主动性和积极性。第三，要合理安排课程，使教学活动丰富而有趣。

3．激发学生学习兴趣

兴趣是最好的老师。无论是何种类型的学习，学生只有感兴趣了，才会积极主动地去探索性地学习。学习英语也是如此。如果英语的学习引不起他们的兴趣，那么在学习中很难取得很好的成效。翻译学习亦是如此。相比较英语中的听说读写等方面的学习，翻译学习更显得枯燥一些，也相对困难一些。这是因为翻译本身就是一项比较复杂的活动，它涉及两种语言之间的转换。因此，在这个过程中，教师肩负着极其重要的作用。第一，转变课堂教学方法，结合案例教学。在翻译教学中，教师要积极主动地进行探索，寻求各种促进课堂教学的方法，将枯燥的教学转变为生动的课堂，增强学生的学习兴趣。在翻译教学中，增设相应的案例。通过案例再现，设置特定的情景，然后把学生带入其中，这样可以激发学生的学习兴趣，提高其翻译的实践能力。第二，转变课堂教学，结合情景教学。教师要时刻提醒自己进行角色的转换，从课堂的主导者转变为引导者，要时刻注意一切的课堂活动都是围绕学生而展开的。学生是课堂的主体，充分调动他们学习的积极主动性是教师的职责所在。因此，在翻译理论的讲解中，不能枯燥地、一味地教授知识，而应该更多地探讨方法，调动学生的积极性。比如，增设相应的情景，在翻译旅游英语时，可以为学生创造一些旅游景点的知识，创造一些翻译场景，让学生真正地融入情景。这样在提高学生翻译能力的同时，还能使他们充分了解相关知识，更加有力地促进学生翻译技巧的提高。通过增设一些情景，课堂实施情景教学，学生不仅可以提高翻译技巧，而且可以促进相互间的合作，让学生充分理解团队意识的重要性，培养他们的合作精神。

4. 循序渐进与丰富的题材相结合

翻译是一项复杂的活动，涉及语言的差异和不同国家的文化差异。因此，翻译教学更不可能一蹴而就，应当循序渐进地进行。教师在教学的过程中，应当把握好讲解的难易程度，根据学生的实际情况，由浅入深，逐步增加难度。在文章内容的选择上，也应该从学生最容易接受的方面入手。

为了适应社会的发展，满足形势的需求，教师在培养翻译人才方面一定要满足时代发展的需求。我们需要的是在社会多元化发展的今天，培养一批批综合能力极强的应用型翻译人才。因此，在日常授课中，要特别注意翻译练习的实用性和多样性。在选择练习时，要尽可能地涵盖各种文体，涉及的题材尽可能地体现它的实用性，选择一些学生们毕业之后可能会涉及的、实用性较强的内容。比如，职场英语的翻译，酒店英语、机场英语以及一些服务行业的英语，这些和学生的就业息息相关。在日常的练习中要加强训练。在练习的过程中，强调采用循序渐进的方法，并不是说教师的教学需要孤立进行。需要强调的是，教师可以将翻译中常见的问题进行总结，与各种问题和场景相结合。

5. 学以致用的原则

语言是一个交流工具，学习语言的最终目的就是交流和运用。因此，学以致用就体现了学习翻译的实践性。所以教师在日常的翻译教学中要特别注意强调其实用性，在增强学生学习的积极主动性之外，尽可能多地提供一些实践的机会。可以先从日常教学开始，从课堂开始练习，增设各种不同的场景进行现场翻译。除此之外，也要尽可能地为学生创设一些社会实践，让他们去参加实际的翻译工作，体验翻译工作的艰难和乐趣。这对学生们今后的翻译学习有极大的促进作用。

教师要明白，翻译教学并非是一个封闭式的教学，而是一门社会实践性极其强的教学活动，它需要学生的积极参与。学生在步入社会之前，能有机会得到相应的锻炼，这对他们今后的职业生涯也有极大的好处。一方面，通过实践，检验了学习期间理论的正确性。理论与实践相结合，可以更好地促进学生今后的翻译学习。另一方面，提前得到了锻炼，可以为今后的工作和生活打下良好的基础，可以让学生在毕业之后更快更好地融入社会。

综上所述，翻译是语言的基本功之一，翻译教学应该是高职高专英语教学中特别重要的一个环节。作为培养职业技能型人才为目的的高职教育，翻译教学也必须融入英语教学。作为高职高专的英语教师，在日常教学中要注重培养学生的翻译能力，改善教学的方法和思路，最终提高学生的翻译实践能力。

1.3.3　中西方翻译理论概述

1．中国翻译理论概述

在中国的翻译史上，佛经的翻译是真正的语言翻译的开始。在漫漫的翻译历程当中，涌现出了一批批优秀的翻译人才，他们为佛教在中国的传播做出了巨大的贡献。到了中国的近代，这个时期的翻译主要以翻译西方语言为主，同样也涌现出了很多优秀的翻译家，他们致力于翻译的研究，同时也总结出来许多独到的翻译思想和翻译理论，为现代的翻译理论体系奠定了坚实的基础。以下主要列举不同时期的代表人物及其翻译理论。

(1) 中国古代翻译理论代表之一——玄奘的翻译理论。玄奘是唐代佛经翻译的代表人物，他的翻译思想被总结为“既需求真，又需喻俗”。他的译文忠于原文，又很注重文体风格，是文质结合的典范。玄奘在他的翻译中提出了“五不翻”原则和六种翻译技巧。“五不翻”原则指的是：①秘密故不翻。在佛经中，对于富有神秘色彩的词语应该采用音译。在佛经中，有大量的“秘密”，如咒语等。②多含故不翻。意思是说，具有多种含义的词语不用意译，而应该采用音译。③此无故不翻。目的文化中没有的词语，应该采用音译法。④顺古故不翻。对于以前存在的约定俗成的方法音译词语，应该遵循并沿袭原有的音译。⑤生善故不翻。有些词语从语音上可以使人产生尊重的想法，否则容易等闲视之，所以这类词语应该采用音译。例如，辅警中的“般若”，基本等同于“智慧”，但是这两个词的程度不同。般若与普通的智慧不同，它的程度高于智慧，是指能够了解道、悟道、修证，然后了脱生死，超凡入圣的一种智慧。这种智慧并不是普通的智慧，而是属于道体上的根本的智慧。这种智慧并非用思想得到的，而是身心两方面整个投入求证而得到的。因此，音译为“般若”显示出了对佛经的尊重，如果译为“智慧”则显得不够高深，也达不到那个意境。

(2) 中国近代翻译理论代表——鲁迅的翻译理论。鲁迅是中国著名的思想家、革命家、文学家和评论家。他的翻译思想主要表现在五方面：①翻译目的。鲁迅认为，翻译的目的是为革命服务和供大家参考的。翻译普通的文章是为了让大家参考，而翻译革命的文章是为了通过剖析自我，提高自我，从而帮助那些文学工作者。②以信为主，以顺为辅。翻译应该做到“信”和“顺”，并认为“信”是翻译工作中最重要的，翻译者应该在保证“信”的同时，尽量使译文流畅通顺。③以直译为主，以意译为辅。需要注意的是，鲁迅所提出的直译并不是死译，而是既要保留原文的思想，又要尽可能地保留原文的语言形式和风格。④复译有必要。晚晴时期很多译者乱译，导致很多读者都不愿意看翻译的作品。对此，鲁迅认为复译是很有必要的。⑤提倡翻译批评。针对当时国内的乱译、硬译的现象，鲁迅提出了翻译批评。在他的论断中，不仅对此不良现象提出了批评，而且对翻译批评应该如何开展提出了很多独到的见解，为以后的翻译批评的良好发展起到了促进的作用。鲁迅鼓励和支持翻译，并提倡区分翻译译文质量的好坏，为读者选出较好的译文，尽可能地让读者收益。这种翻译批评法对于端正翻译批评之风是极为有利的，他为中国翻译批评今后的进一步发展奠定了基石。

(3) 中国现代翻译理论代表——钱锺书的翻译理论。钱锺书是我国著名的作家、文学研究家，他对翻译事业也做出了很大的贡献。“化境说”是他对翻译理论的主要观点，也是最大的贡献。“化境”和中国的传统文化一脉相承。钱锺书在《七缀集·林纾的翻译》中第一次提出了“化境说”这一翻译观。它包括了三方面的内容：①转化，就是将一国文字转化为另一国文字，实现文字之间的转化。②归化，就是可以用汉语流畅地将外语准确无误地表达出来，不像译文，更像原文。③化境，虽然语言表现变了，但精神依旧如故。“化境”是钱锺书将原本用于中国古典美学的“境界”概念引入翻译领域，从而得出的一种翻译理论。他将文学翻译理论纳入文艺美学范畴的做法对中国文化意义深远。“化境说”不仅兼顾了翻译中的语言形式和神韵，而且强调了翻译者的创造性。“化”是翻译的最高境界。

2．外国翻译理论概述

在现当代，西方国家涌现出了很多优秀的翻译家，他们提出的理论，对翻译事业起到了很大的促进作用，为世界翻译理论的发展做出了很大的贡献。其中语言学派和功能学派理论尤为著名。

(1) 语言学派理论。奥古斯汀开创了西方翻译理论的语言学传统。索绪尔提出了普通语言学理论对语言和言语、语言的历时和共时进行了区分，提炼出了语言符号六对对立统一的性质，对西方翻译理论的发展起到了极大的促进作用。他的语言哲学思想使得翻译理论的研究走上了一条新的研究途径。翻译语言学派主要是从语音、词汇、句子、篇章等不同的语言结构层次探索翻译活动中存在的普遍规律。20 世纪的 40 年代到 70 年代初，翻译被纳入了语言学范畴。在这期间，语言学家和翻译学家尤金·奈达尤为著名。他第一个提出了“翻译的科学”这一概念。奈达在其语言学研究的基础上，把信息论和翻译研究融合在一起，从而创立了翻译研究的交际学派。他最有影响的贡献是提出了翻译理论中的“动态对等”原则和“功能对等”的翻译原则。这在西方翻译理论的发展中发挥了举足轻重的作用。卡特福德在 1965 年出版了《翻译的语言学理论》一书。这本书是翻译理论史上划时代的著作，对世界翻译理论有着巨大的影响。他独创了“转换(shift)”这一术语。他分析了翻译等值的本质和条件，对语言转换进行了科学的阐述。美国学者纽马克在前人的研究基础上，将跨文化交际理论和现代语言学的研究成果整合在一起，并且应用到了翻译研究中，提出了“交际翻译”和“语义翻译”，这是他的理论核心。1991 年，纽马克提出了“关联翻译法”这一新的翻译概念，并于 1994 年正式命名。

(2) 功能学派理论。20 世纪 70 年代到 80 年代，德国的功能翻译理论正式产生。他们的理论将研究的方向从源语文本转向了目标文本，这一理论成了当代德国翻译界影响很大、很活跃的学派之一。莱斯是德国翻译功能学派理论重要的创建者之一。她的功能类型及其翻译方法理论强调了特定环境的重要性。它力求达到交际的真正目的，莱斯的研究方法超越了字、词、句的层面。她的理论观点为功能翻译理论的形成做出了巨大的贡献。弗米尔在莱斯的指导下，突破了莱斯理论的局限性，创立了著名的目的论。目的原则、连贯原则和忠实原则是它的三大原则，目的论影响深远。在目的原则中，翻译过程中要采取什么方法和策略都受到翻译要达到的目的的影响。连贯原则也就是语篇内连贯，即译文必须符合行文逻辑，能够使读者理解译文大意，而且行文和读者的阅读习惯一致，在目的语文化以及使用译文的交际语境中有意义。忠实原则指的是语篇间的连贯，也就是说译文在不违背原文的原则下，两者之间存在某种关系，也不是说两者在内容上完全一致。它的忠实度是由译文的目的和翻译者的理解来决定的。目的论是功能主义翻译理论最核心的部分，它的出现标志着翻译的研究由以语言学和形式翻译理论为主转向更加倾向于功能化的方向。功能学派目的论的第二代代表性人物诺德(Nord)，她深受莱斯文本类型的影响，还积极倡导弗米尔的目的论，首次用英语系统地阐述了功能学派的各种学术思想。诺德提出了文献翻译和工具翻译这两种类型的翻译。文献翻译侧重于原文的翻译，源文本功能常用的翻译手段是直译和异化。工具翻译侧重于译文的翻译，这类翻译常用的手段是意译和归化。

1.3.4 英译汉的基本策略

在英译汉的过程中，理解是前提。只有正确地理解了原文，才能确切地表达。在这个过程中，我们需要反复推敲，从汉语到英语，再从英语到汉语，两者相互联系。在这个过程中，我们需要在理解的基础上结合适当的翻译策略和方法，从而进行准确的表达，达到翻译的准确性。下面就其具体的翻译策略进行介绍。

作为翻译常见的策略，直译和意译的选择是翻译中常见的问题。直译指的是在保持原文内容的同时，又不破坏原文形式的一种翻译方法。译文的语言(或目的语)与原文的语言(或始发语)常常用相同的表达形式来体现，而且产生同样的效果。意译，与直译最大的不同就在于，只能保持原文的内容，原文形式随着目的语而有所改变的翻译方法。译文的语言(或目的语)与原文的语言(或始发语)在许多情况下并不用同样的表达形式来体现同样的内容时，一般采用意译为好。接下来看看这两种方法在字词句中的运用。

例 1．the sun

直译：太阳

意译：火轮；金轮；红轮

例 2．fat

直译：胖

意译：富态：胖乎乎；丰满；臃肿；丰腴

例 3．to flog a dead horse

直译：鞭打死马

意译：徒劳；白费力；白搭

例 4．a drop in the bucket

直译：一桶水中的一滴

意译：微不足道；不足挂齿；不值一提；九牛一毛；沧海一粟；非常不起眼

例 5．门庭若市

直译：The courtyard is like a market.

意译：a much visited house；a busy town；crowded

例 6．望梅止渴

直译：to gaze at plums to quench one's thirst

意译：to console oneself with false hopes；to feed on fancies (illusion)；imagined satisfaction

例 7．危如累卵

直译：as dangerous as a pile of eggs

意译：hazardous in the extreme；great insecurity；in a precarious condition；dangerous；perilous；

例 8．树倒猢狲散

直译：When the tree falls，the monkeys scatter.

意译：Members run away when the family falls. When an influential person falls from power，his hangers-on disperse.

一般来讲，可以直译的成分可以意译，可以意译的成分也可以直译。但是两者根据不同的语境，还是会有一个选择的。我们在翻译时往往选择最适合的那一个。意译往往根据上下文，可以灵活地选词，优于直译。结合以下例子，加深理解。

例 1．Mary is a big mouth.

直译：Mary 是个大嘴巴。

意译：Mary 是个爱传闲话的人；Mary 爱搬弄是非。

例 2．Tom is as poor as a church mouse.

直译：Tom 穷得像教堂里的老鼠一样。

意译：Tom 一贫如洗。

例 3．He bent solely upon profit.

直译：他只屈身于利润之前。

意译：他唯利是图。

例 4．It is a long lane that has no turning.

直译：那是一条没有弯的长巷子。

意译：路必有弯，事必有变。

例 5．Their accent couldn't fool a native speaker.

直译：他们的口音不能愚弄本地人。

意译：本地人一听他们的口音，就知道他们是外地人。

例 6．In private firms，green hands need special training.

直译：在私人公司里，绿色的手都要接受特殊的培训。

意译：在私营公司里，新手都要接受培训。

一般来讲，句子中可以直译的成分也可以采取意译的策略，可以意译的成分同样也可以采取直译的方法。但是根据语境的不同，在翻译策略上，译者还是要选择最适合的那一个翻译方法。根据上下文，意译可以灵活地选词，在这一点上比直译要好。但是由于文化的影响，很多情况下不能直译，尤其是我们的谚语和成语，如果按照字面意思来逐字逐句地进行翻译，那么就变成了死译。

例 1．once in a blue moon

意译：千载难逢

死译：一个蓝色月亮里的一次

例 2．hand in glove with

意译：和……狼狈为奸

死译：戴着手套和……合作。

例 3．It is a long lane that has no turning.

意译：路必有弯，事情必有转机。

死译：没有转弯的小巷的确是一条很长的小巷。

例 4．It is an ill bird that fouls its own nest.

意译：家丑不可外扬。

死译：弄脏自己的巢的鸟的确是一只坏鸟。

例 5．招风惹草

意译：look for trouble

死译：invite wind to exasperate the grass

在翻译中，我们运用直译有利于不同文化之间的交流，因为直译可以让我们领略到作品原汁原味的风采，它可以保持作品的本来面目。但是在很多情况下是不能直译的。如果采用直译就完全破坏了原文的意义。我们从以下不能直译的例句中共同感受。

例 1．black stranger 完全陌生的人(不是“黑色的陌生人”)

例 2．handwriting on the wall 不祥之兆(不是“大字报”)

例 3．spanish athlete 吹牛的人

例 4．dressing room 化妆室(不是“更衣室”)

例 5．service station 加油站(不是“服务站”)

例 6．eat one’s words 收回前言(不是“食言”)

例 7．english disease 软骨病(不是“英国病”)

例 8．black art 妖术(不是“黑色艺术”)

例 9．sweet water 淡水(不是“糖水”或“甜水”)

例 10．personal remark 人身攻击(不是“个人评论”)

例 11．criminal lawyer 刑事律师(不是“犯罪的律师”)

例 12．confidence man 骗子(不是“信得过的人”)

例 13．horse sense 常识(不是“马的感觉”)

例 14．an apple of love 西红柿(不是“爱情的苹果”)

例 15．greek gift 害人的礼品

综上所述，直译与意译是翻译中各种方法研究的出发点，是一个基础理论方法。无论是何种风格、何种文体的翻译都离不开直译和意译，都是为了表达出作者最准确的含义，只是根据不同的语境所采用的方法不同而已。一般来讲，采用直译较多的文体有学术文献、新闻报道、政治文献、法律文献等。它们要求翻译的高度准确性，所以会采用准确性较高的直译作为翻译的方法。而可以采用意译的文体一般有散文、剧本、小说、诗歌等，它们的抒情色彩比较重。因此，在翻译中如何做到直译和意译的准确使用，这是一个值得译者长期思考的问题。如何能够准确地把握好这两种方法的使用直接反映了一个翻译者水平的高低。

第 2 章　词汇翻译教学难点

2.1　英汉词汇差异

英汉词汇的不同首先是在其构成上。英语词汇是由一个个单词所组成的，而这些单词是由 26 个英文字母所组成的。换句话说，也就是词素构成了英语中的词汇。这些词素不能单独使用在句中。例如：单词“unexpected”，是由前缀词根“un-”，后缀词根“-ed”以及词干“expect”所构成的。单独的词根不能独立使用。而汉字则完全不同，汉字的词汇是由一个个单独的汉字所组成的。这些汉字都可以单独使用在句中。

除了构词之外，还应该了解词汇的分类。在英语中，词汇可以分为实词和虚词。实词分为动词、名词、代词、形容词、副词和数词。它们可以作句子的独立成分，可作主语、宾语、表语、定语、状语等。而另外一类词——虚词，则不能成为句子的独立成分，它们只有语法意义。英语中词汇一词多义，不能一概而论，不同的语境中同一词汇具有不同的含义。汉语的词汇分类和英语类似，但是一词多义的相对要少很多。所以我们在进行翻译时，首要一点就是要明白词汇的词性，这样才能在翻译中译出最准确的含义。

2.2　具 体 策 略

词汇是组成句子的基本单位。词汇问题在翻译中是出现频率最高的。在翻译中，如果对词汇理解出现偏差，这样就会错译，会影响对整个文章的理解，会曲解作者的真正含义。

由于两种不同语言的差异，导致无论是在构词还是文化方面都有很大的差异，无论是英译汉还是汉译英，词汇问题都是首要问题。词汇的理解不准确一定会引起译文的不准确。所以我们首先需要学会如何在不同文体、不同语境中进行词汇的翻译。同样的词在不同的上下文中含义是不一样的，那么如何处理呢？如何来进行准确的翻译呢？在本章我们将学习一些常见词汇的翻译方法。

2.2.1 从词性来理解词义

英语中，一个单词可以有不同的词性和不同的含义。词性不同，意义自然不同。所以在理解词义时，首先应判断它的词性，这是非常重要的。根据词性来判断词义，我们来看几个例子。

例 1. 以“right”为例

(1) Your explanation of it is not right. (形容词)

你对该事情的解释不太正确。

(2) He has the right to attend the meeting. (名词)

他有参加会议的权利。

例 2. 以“表演”为例

(1) 他们表演了一个节目。(动词)

(2) 表演结束了。(名词)

(3) 最后敲定了表演的地点。(形容词)

例 3. 以“讨论”为例

(1) 讨论开始了。(名词)

(2) 这是一次重要的讨论。(名词)

(3) 我们认真地讨论了这个问题。(动词)

(4) 首先确定了讨论的内容。(形容词)

例 4. 以“俭朴”为例

(1) 我们主张简朴的生活。(形容词)

(2) 他俭朴地生活着。(副词)

(3) 他过着俭朴的生活。(形容词)

(4) 俭朴是美德。(名词)

例 5. 以“简单”为例

(1) 简单是一种美。(名词)

(2) 老李过着简单的生活。(形容词)

(3) 老李简单地生活着。(副词)

(4) 他们选择简单。(名词)

2.2.2　从语境来确定词义

通常来讲，一个孤立的英文单词，它的词义是不明确的。一个句中的词受到各种关系的限定和制约，要从其所处的语法语义关系及其与其他词的指涉关系中获得词义。这里所指的上下文，英语中我们称它为 verbal context，一般包括词的搭配、逻辑关系、上下文的提示以及词的文化背景知识等等。因此，为了获得确切流畅的译文，在新兴翻译时我们必须根据上下文的关联来判断该词的含义。例如：Marry passed．在英文中，这是非常简单的一个句子。但是却有不同的含义。如果语境不同，是完全不一样的含义。我们可以理解为是 Marry 考试通过了，也可以理解为 Marry 在(踢足球)传球，还可以认为 Marry(在玩桥牌)没有叫牌。同一个动词在不同的语境中意义是截然不同的。

在进行英汉互译的过程中，当面临很多的近义词时，翻译者一定要认真思考，反复斟酌，才能译出原作者想要表达的真正含义。林语堂先生说过：“凡要明字义之人，必求之于全句。”王佐良教授也说：“要看清一词一句的意义，很多时候不是从词句的本身看清的，而是要通过上下文，通过整个文章的篇章才能看懂的。”在汉语和英文中，完全对等的词为数不多，只有有限的一些专有名词和术语。因此，根据不同的语境来判断和确定词义是非常重要的方法。我们从以下的例子中来学习。

例 1．以“power”为例

Within my power，I will try my best to help you．

我将会尽力帮助你的。

这个句子在口语中经常使用，根据语境，结合上下文，power 一词此处翻译为“尽力”，更加地道一些。

例 2．以“check”为例

(1) A change of wind checked the fire.

风向改变抑住了火势。

在这个句子中，根据语境，check 一词与 fire 搭配，就不能翻译为“检查”，结合上下文，将其译为“抑住了火势”更加符合语境。

(2) I haven’t checked my luggage yet.

我的行李还没有寄存。

在这个句子中，结合上下文，check 与 luggage 搭配，翻译成“寄存行李”更加地道一些，更加符合语境。

例 3. 以 work 为例

(1) He is working in the factory.

他在工厂上班。

(2) The screw worked loose.

螺丝松了。

(3) My watch doesn’t work.

我的表不走了。

(4) The gears work smoothly.

齿轮转动灵活。

(5) The yeast has begun to work.

酵母已经开始发酵了。

(6) Will these new methods work?

这些方法有效吗?

例 4. 以 light 为例

(1) Hide not your light under a bushel.

切莫妄自菲薄。

(2) Cheerfulness and goodwill make labor light.

欢乐与好意，劳动不觉得累。

(3) Light not a candle to the sun.

莫为太阳点灯。(不要多此一举)

(4) A good book is a light to the soul.

好书一本，照亮心灵。

(5) Many hands make light work.

人多好办事。

例 5．以 run 为例

(1) he has run half his race.

他已经度过了他的半生岁月。

(2) The Reds took the fortifications by assault，put their astonished enemy on the run.

红军攻占了这些堡垒，敌人仓皇奔逃。

(3) Run the strap through the strap eyelet as shown.

把背带穿过背带环。

(4) It is really impressive the way you run this company.

您经营的这家公司的规模真让人印象深刻呀！

例 6．For your information，I return my copy of the bill and ask you to note the following points.

为了供你参考，我把账单给你，并请你注意以下几点。

例 7．Please understand us．We can not meet your needs now.

请谅解，我们目前无法满足你们的要求。

例 8. Days passed. Then weeks. One crisis followed another. But at last came the news which everyone had been waiting for.

日子一天天过去，一周一周地流逝。危机一个接着一个。但是最后他们盼望已久的消息还是传来了。

例 9．Rising and falling gas cells in the convection zone buffet the magnetic lines of force there，causing them to twist and untwist.

对流区中不停地上升和下降的气流会冲击那里的磁力线，使之发生方向的变化，相互纠缠在一起，然后恢复原样。

例 10．the industry of the people is the country’s greatest wealth．

人民群众的勤劳是一个国家最富有的地方。

这个句子的关键词是 industry 不能被翻译成“工业”。根据上下文，翻成它的另外一个含义“勤劳”。

例 11．If you show application in your studies，you will succeed．

如果你刻苦用功，你就会成功。

在这个句子中，翻译的关键是 application．这个词有“申请”的含义，但是在本句中，根据上下文的语境，不能翻译成“申请”，而要译成它的另一个含义“刻苦用功”。

例 12．If my father thinks he has the right to choose a partner for me，he is mistaken．

我的父亲无权替我选择配偶。

这个句子的翻译是要注意 if 引导的条件状语从句。如果我们将这个句子翻成“如果我父亲认为他有权力替我选择配偶，他就想错了。”这样的表达是不正确的，这个翻译没有将“he is mistaken．”按照英文中的习惯用法来翻译。在英文中，“he is mistaken．”表达的是一种委婉的否定的修辞手法，常常和 if 引导的句子搭配在一起使用。所以根据上下文，结合语境，这个句子就应该被翻译为：他无权替我选择配偶。

例 13．Unfortunately，the general literature has little connection with accounting．

令人感到不幸的是，这个文献专著很少关注会计这一领域。

在这个句子中，翻译的关键要注意 literature 的翻译。它除了有“文学”的含义之外，还表示关于某一学科或专题的“文献”，所以根据上下文，本句要翻译成“文献”而不是“文学”。

2.2.3 具体译法

具体译法，就是具体化的翻译，把原文中抽象的概念翻译成具体的内容。因为两种不同语言之间存在很大的文化差异，所以在进行翻译时，根据上下文，有时就需要将抽象的字词句用具体的词语来进行表达。用这样的翻译方法，可以使得翻译出来的文章产生和原文相同的效果。一起从下面的例子中来感受具体译法的效果。

例 1．transportation 运输——运输工具

例 2．advertisement 广告——广告资料

例 3．translation 翻译——翻译作品

例 4．保密

keep sth．under one's hat

例 5．恻隐之心

the milk of human kindness

例 6．反应快

quick on the trigger；think on one's feet

例 7．干苦差事

hold the baby

例 8．告发

put the finger on

例 9．截然不同

oil and vinegar

例 10．坚决反对

put one's foot down；set one's face against

例 11．公开认错

stand in a white sheet

例 12．There had been too much violence in that region．

许多暴力事件过去发生在那个地方。

例 13．他们的见解非常相似。

Their ideas run in the same groove．

例 14．你应该好坏分清楚。

You should separate the sheep from the goats.

例 15．你不要过早乐观，真正的困难还在后头呢。

Don't count your chickens before they are hatched. The real difficulties still lay ahead.

例 16．It is Mary who swears that she'd never again believe anything in trousers.

玛丽发誓以后不再相信男人了。

trousers 本意是指"裤子"，此处用来嘲讽"男子"。

例 17．He is in charge of the preparation and distribution of the document in our department.

他在我们部门负责文件的起草和分发工作。

preparation 本意为准备，文件的准备应该是起草之类的工作，所以翻译时译为"起草"更好些。

例 18．Conduct during voting，must be observed by all the representatives.

所有的代表均必须遵守表决原则。

例 19. The men in this factory didn't walk out until yesterday. They couldn't stand their poor working environment.

这个工厂的工人们昨天才开始罢工，因为他们再也无法忍受如此恶劣的工作环境。

例 20．This is why the Parliamentary majority are reluctant to see a sweeping change.

这就是国会中的大多数人不愿意进行迅速改革的原因。

例 21．Give her my best.

这句话是省略句，完整的一句应该是"Give her my best wishes"，根据上下文的语境，可以很清楚地理解它的含义，但是在用汉语表达时，把它译为：向她表达我良好的祝愿。

例 22．Have a Christian concern for others.

立地成佛

例 23．Do you see any green in my eye？

你以为我很好欺骗吗？

例 24．“The car in front of me stalled and I missed the green．I’m sorry，sir．”

“我前面那辆车停了，我没有看见绿灯停。对不起，警察先生！”Sir 是先生的含义。但是在这个场景中，纠正汽车违章的只能是警察同志。所以在翻译时，把 sir 翻译为“警察先生”。green 在本句中没有任何引起误解的地方，但是在翻译时，必须将其翻译为交通灯里的“绿灯”。

例 25．Her mother gave her the go-ahead and she was able to go camping．

她的妈妈给她开了绿灯，她才得以去野营。

go-ahead 是由 go ahead 转来的，翻译为“放行，允许”。具体化为“绿灯”。

2.2.4 抽象译法

在翻译中，为了达到译文的流畅，往往会采用抽象译法来将原文当中具体的字词句等进行抽象处理。结合以下的例子来看看效果。

例 1．stick to one’s last 安分守己

例 2．keep sth．under one’s hat 保密

例 4．be in sb.’s pocket 被某人操纵

例 5．walk on air 得意洋洋

例 6．be driven from pillar to post 被逼的走投无路

例 7．get cold feet 胆怯

例 8．break the ice 打破僵局

例 9．无知的表现 innocence

例 10．发展过程 development

例 11．残暴行为 brutality

例 12．谦虚态度 modesty

例 13．生龙活虎 bursting with energy

例 14．单枪匹马 all by oneself

例 15．顺手牵羊 walk off with sth.

例 16．开门见山 come straight to the point

例 17．狗急跳墙 do sth．desperate

例 18．守株待兔 trust to chance and stroke of luck

例 19．Every life has its roses and thorns．每个人的生活都有甜有苦。

这里把 roses 和 thorns 这两个具体的名词引申为了抽象意义的名词，并且译出了它们身上的特性：苦和甜。

例 20．There is a mixture of the tiger and the ape in that person's character.

那个人残暴狡猾。

老虎和猿这两个具体形象引申为它们所代表的属性。

例 21．He is a shylock．他凶险狡诈。

Shylock 是莎士比亚笔下的人物，刻薄歹毒。

例 22．Survival is a practical matter，and it makes sense that daring millions of history，climatic changes，and migrations，our ancestors ate whatever they found in their environment and climate.

生存是一个实际问题，在千百年的历史和气候变化与迁徙的过程中，我们的祖先在当时的环境和气候条件下，有什么吃什么。

例 23．He received a good treatment at the hands of highly skilled doctors.

他在医术精湛的医生那里接受治疗。

例 24．She kept him at arm's length．她和他保持相当的距离。

例 25．Her husband was almost beside himself with joy．她的丈夫欣喜若狂。

2.2.5 词类的转译法

作为印欧语系的英语和汉藏语系的汉语，在两种语言进行互译的过程中，有时为了能够更好地理解原文和更好地使译文流畅，我们必须在翻译中通过转换词性才能够达到这种效果。这也就是我们所说的转性译法。所谓的转性译法，就是在翻译的过程中，根据需求和语言表达的习惯，对相对应的词进行词性的转换。接下来一起来看一些例子。

1．转译成汉语动词

在英文中，一个简单句只能有一个谓语动词。但是在汉语中，却习惯连用好几个动词。因此，为了使得译文通顺，在翻译的过程中，常常要将一些名词、副词、形容词等转译成谓语动词。一起来看下面的例子。

例 1．The government calls for the foundation of more schools.

政府号召建立更多的学校。(名词 foundation 转为动词)

例 2．Every morning she would go to the park for a walk.

她每天早晨都要到公园去散步。(名词 walk 转为动词)

例 3．Finally，in the mountainous areas，many people are off poverty.

最终，许多山区的人们摆脱了贫困。(介词 off 转为动词)

例 4．He came to my home for help.

他来到我家，请求帮助。(介词 for 转为动词)

例 5．At weekend，Cindy came home for supper.

周末，辛迪回家来吃晚饭。(介词 for 转为动词)

例 6．What are you after?

你追求什么？(介词 after 转为动词)

例 7．Mr．White was away on holiday.

怀特先生度假去了。(介词 on 转为动词)

2．转译成名词

在英语词汇中，有很多派生词。在进行翻译时可以将其译为汉语的名词。具体看以下例子。

例 1．They are going to build a school for the blind and the deaf.（形容词 blind and deaf 转译成名词)

他们将为盲人和聋人建造一所学校。

例 2. To us，he personified the absolute knowledge.（动词 personify 转译成名词）

在我们看来，他就是绝对知识的化身。

例 3. The UK had ruled the HongKong for more than one hundred years.

英国成为香港的统治者长达一百多年。(动词 rule 转为名词)

例 4. She is really beautiful.

她确实是个美人。(形容词 beautiful 转为名词)

例 5. That fellow is foolish.

那个家伙真是个笨蛋。(形容词 foolish 转为名词)

例 7. Official Moscow is going to object the proposal.

莫斯科官方反对此项提议。(形容词 proposal 转为名词)

例 8. 他总是喝很多酒。

He is a great drinker.（动词“喝”转为名词)

3. 转译成形容词

例 1. The performance is a success.

演出很成功。(名词 success 转为形容词)

例 2. He found difficulty in completing the task.

他发现完成这个任务是很困难的。(名词 difficulty 转为形容词)

例 3. 那个小鬼老是滔滔不绝地讲个不停。(动词“讲”转为形容词)

That kid is very talkative.

例 4. 他们迫切地想弄到消息。(动词“弄到”转为形容词)

They were news-hungry.

4. 转译为副词

例 1. 我现在必须得走了。

I must be off now.（动词“走”转为副词)

例 2. 电影已经开演了。

The movie is on.（动词“开演”转为副词)

例 3．这家报纸的社论说，拒不上调教师工资的问题，是同中央的精神背道而驰的。

The paper said editorially that it is against the spirit of the Central Committee of our Party to refuse to rise the payment for teachers．(名词“背道而驰”转为副词)

5．形容词与副词的相互转译

在英语中，当名词翻译成汉语的动词后，修饰名词的形容词也要相应地翻译成副词。同样，当动词翻译成名词时，修饰动词的副词要转译成形容词。

例 1．The secretary has prepared meticulously for the meeting.

秘书已经为会议作了十分周密的准备。(动词 prepare 转译成名词；副词 meticulously 转译成形容词)

例 2．This is sheer nonsense．

这完全是胡说。(形容词 sheer 转译成副词)

结合以上的例子，我们能够得出这样一个道理：在翻译中进行词性转换是存在一定规律的。由于不同语言之间存在很大的差异，所以在翻译时更要找寻规律。汉语中，我们使用最多的是动词，而在英文中，使用较多的是名词和介词。所以在进行翻译时，我们就需要将汉语中的动词转译为英文中的名词和介词，而将英文中的名词和介词转译为动词。掌握了语言中的这一规律，有助于我们进行地道的翻译。总之，翻译不是随意进行的，一定是有章可循，所以在翻译的过程中，必须严格遵守这些翻译规律，从而才能将原文真正的意图用地道的语言表达出来。

2.2.6　增词译法

由于英汉语言习惯不同，表达方式各不相同，所以在进行翻译时，要根据具体的情况来适时地进行增减。增词法，就是为了使译文与原文在内容、形式和精神上都能对等起来，所以在翻译时会根据需求增加一些必要的单词、短语、句子等，这样可以满足译文的语法结构和表达习惯，也符合目的语读者的阅读习惯。

例 1．After the debate competition with other classes，he joined in the basketball league match in our city．

在参加了辩论赛之后，他参加了市里的篮球联赛。(增加了动词“参加”)

例 2．He dismissed the negotiation without an agreement.

他没有宣布统一意见书就宣布结束谈判。(增加了动词“宣布”)

例 3．Generally，the school regulations focuses，among other things，that the receiving education in school is the most important.

就其基本内容而言，学校法规关注点中：接受教育这一项是最重要的。(增加了修饰语“就其基本内容而言”，表示强调)

例 4．Ideally，one day，doctors will know better about the genesis of cancer and diagnose it early by the surface lesion.

最理想的情况就是，有朝一日，医生们能够对癌症的成因有更好的了解，并且能从表层病变上及早给出的诊断。(增加修饰语“最理想的情况就是”，表示强调)

例 5．The resounding success of peach tree planting in Shanxi whetted the appetites of Qingling farmers for a similar feat that would increase the yield of apple trees.

山西桃树种植户取得的巨大成功引起了秦岭苹果树种植户的兴趣，他们也希望用同样的方法提高苹果的产量。(增加定语“同样的方法”，加强译文的可读性)

例 6．To wash before meal.

饭前洗手。(动词后增加了名词“手”)

例 7．Their boots shone now and then.

他们的靴子时常闪闪发光。(动词前增加了副词“时常”)

例 8．Once we had a quarrel.

有一次，我们争吵了一番。(增加了量词“一番”)

例 9．He remembered this incident，as had his wife.

他记得这件事情，他的妻子早就记起来啦。(把原文所省略的动词“remember”加了进来)

例 10．Don’t take it seriously．I’m just making fun of you.

不要认真嘛！我不过是开开玩笑罢了。(增加了语气助词“罢了”)

2.2.7　省词译法

所谓省词译法，就是在翻译的过程中把原文中有的而译文中不需要的单词、短语、句子等省略掉。但是，这并不意味着我们可以任意地更改原文的含义，而是通过这种翻译方法，在充分表达原文含义的基础上，可以使译文更加地道和流畅。这种翻译方法一般是根据译文的语言表达和语法结构的需要而决定的。但是，一定注意，不能省略的情况下一定不可以省词。

一般来讲，英语中很多词的存在是由于语法的需要。比如，在英文中使用很广泛的冠词，然而，在汉语中却没有相应的冠词，所以在翻译时就可以省略不译。再比如在英文中使用较多的介词、连词等，译成汉语中也无须一一翻译，完全可以根据语序和句子的结构来进行表达。我们一起来看下面的例子。

例 1．Mr．White is not well today，but he still takes part in the parade.

怀特先生今天身体不适，但(他)还是来参加游行了。

例 2．If I learn to programming in the computer，I will certainly buy a new one.

我要在电脑上学编程的话，(我)就一定去买一台新的。

例 3．He is a good friend that helps us behind our backs in obscurity.

在(我们的)背后默默帮助我们的人，才是一个好朋友。

例 4．It’s your ID card．I found it under the table in the hall.

这是你的身份证，我在大厅的桌子下面找到(它)的。

例 5．That dishonest boy is not at all ill．He is alive and kicking in the swimming pool．We all saw him.

那个不诚实的孩子根本没生病，他在游泳池里还活蹦乱跳的，我们都看见(他)了。

例 6．The sun is bright，and the sky is clear.

阳光灿烂，(和)晴空万里。

例 7．If you don’t go there tomorrow，they’ll get angry.

(如果)你明天不去，他们会生气的。

例 8．In 1982，the girl named Mary was born．

(在)1982 年，一个叫玛丽的女孩出生了。

从以上的例子我们不难看出，在翻译的过程中，省略译法大都是根据语言习惯和语法的需要。如果不省略这些词，就不能翻译出地道的译文，文章就会显得词不达意，更不用说流畅的程度了。因此，省词译法的使用在翻译中是很重要的一个翻译策略。

2.2.8 合词译法

无论是在中文中，还是在英文中，我们经常可以看到作者们会连用一些同义词，用来强调想要表达的意思。在英文中，他们使用的是成对的同义词，而在中文中，他们使用的是成语或者是同义的成语。那么，无论是出于语言习惯，还是作者的习惯，因为使用了两个或者两个以上的同义词来加强语气，所以翻译时应把这些词合在一起翻译，这就称为合词译法。比如：

例 1．Her son’s room is tidy and clean，but her daughter’s is untidy and disordered．

她儿子房间干净整洁，可她的女儿却凌乱肮脏。

例 2．In China in the public places there is a hard and fast rule against smoking．

在中国在公共场合严禁吸烟。

例 3．The lady in elegant cloth of culture and learning．

穿着优雅服饰的那位女士很有学问的人。

例 4．After the meeting，our teacher was surprised and taken aback．

会议结束后，我们老师着实吃了一惊。

例 5．The room is cozy and comfortable．

这个房间非常舒适。

例 6．These are ways and means of propaganda．

这是一些宣传方法。

例 7. We must reach our goals and aims.

我们必须达到目的。

例 8. It is right and proper to try it.

尝试一下是完全正确的。

例 9. I hate all this hustle and bustle.

我讨厌这种拥挤不堪的场面。

例 10. 荒漠的人们经过不懈的努力必将稳步地达到青山绿水的目的。

By our own unremitting efforts we the desert people will unswervingly reach our goal of green mountains and clean rivers.

综上所述，在英汉互译中，我们能够感受到译者在使用合词译法时所产生的强调效果。比如在上面的例句中“tidy and clean”为了表示强调译成了“干净整洁”；“untidy and disordered”同样为了强调，译成了“凌乱肮脏”；为了表示强调的程度，把“严禁”用了两个形容词修饰 hard and fast；“culture and learning”译成了“很有学问”；“cozy and comfortable”被译成了“拥挤不堪”；在汉译英中，将“不懈努力”译成了“unremitting efforts ”；等等。

2.2.9　换形译法

由于存在很大的文化差异，所以英汉互译时，会存在很多的问题。在中国，有很大一部分学习者在翻译句子时，往往采用的是中国人的思维模式，也就是“主语+谓语+宾语+状语”这一模式。这种翻译模式深受汉语习惯的影响。他们在这一模式下翻译出来的句子很不地道，让中国人觉得别扭，西方人也觉得不地道。在这种情况下，我们就需要进行改变，换一种方式来表达，也就是换形译法。它指的是，在翻译的过程中，在弄清原文准确含义的情况下，按照译语的习惯表达，选择合适的词语对原文进行加工。在翻译的过程中，只要保证忠于原文、语言流畅，是可以改变原文的结构和句式的。一起来看下面的例子。

例 1. She has something on her mind.

她为了一些事而显得忧心忡忡。

在英文中，我们无法用精确的方法表达出来的事情都用 something 来表示。但是这个词在中文中很难表达出来，所以在这种情况下，只能译成“某事，某物”。在这个句子中，原文要表达的含义是因为头脑里有 something，所以一定会想着它，翻来覆去、忧心忡忡。

例 2. Let’s make you look a bit more respectable before you go out.

出门前，我们再把你打扮得更加体面一些。

在这个句中，翻译的关键词是“respectable”，它的本意是“值得尊重，值得尊敬的”。但是如果按照这个词的本意来译，就完全不一样了。所以按照英文的原意，再结合中文的习惯，就应该翻译成：出门前，我们再把你打扮得更加体面一些。

例 3. At the meeting，he was under fire.

他在会上受到了严厉的批评。

在这个句子中，翻译的关键词是“under faire”。它的原意是“受到了炮火的袭击”，但是如果按照它的原意来翻译就成了“他在会上受到了炮火的袭击”。这样的话，就很难理解该句的含义了。所以必须根据中英文的习惯，根据上下文，将其译成：他在会上受到了严厉的批评。

例 4. Nowadays，some young people develop this kind of thinking，today we have wine，today we will be in the cups.

目前，在一些年轻人中间产生了“今朝有酒今朝醉”的思想。

这个句子只能从 in the cups 来理解，介词 in 是指“沉溺于贪杯的状态中”，不能望文生义地认为是“在酒杯里”。

例 5. He has a forced smile on his face.

他脸上显出勉强的微笑。

如果人脸上的微笑是被强迫地逼出来的，那一定是很难看、很尴尬的，所以是很勉强的。

例 6. The time and tide is with the peace loving people.

当前的时代潮流都有利于爱好和平的人们。

这个句子的关键词是 with，它的原意是“和……在一起”。如果根据这个意思，那么这个句子就会翻译成“当前的时代和潮流都和爱好和平的人在一起”。这样的句子中国人是看不懂的，因此，根据上下文将 with 翻译为“有利于……”。

例 7．He taught his children to be respectful of other cultures.

他教育孩子要尊重其他民族的文化。

这个句子的关键是“other cultures”。如果这个句子被译为“他教育孩子要尊重其他文化”，就很难理解了。

例 8．We are tired of Henry because he keeps boasting that he has been all all-round man.

我们都讨厌亨利，因为他总是吹嘘说他是一名多面手。

在这个句子中，要翻译地道，关键是要正确地处理 boast 的词义。按照中英文词典中的解释，我们可以找到很多的近义词，比如自夸、吹嘘等。但是，英文的解释却是 to talk proudly or to talk too proudly，在这种情况下，就不能将其翻译为吹嘘了。但是根据整句话的意思，我们可以得知原文想要表达的是对 Henry 的一种厌恶之情，所以此处翻译成“吹嘘”更加恰当一些。

例 9．My wife is an expert in teaching little children，but teaching my four-year-old daughter often takes it out of her.

我的妻子是一名幼教专家，但是她在教我 4 岁的女儿时却常常感到筋疲力尽。

在这个句子中，翻译的关键词是 it。只要理解 it 的所指关系，那么就可以准确地理解原文的含义，不会产生任何的误解。在英文中，it 可以用来指代很多事物。所以在翻译的过程中，要根据上下文的语境，准确地判断出它的含义。在这个句子中，it 指代的是人的精力。联系上下文，takes it out of her 应该理解为“常常使她感到筋疲力尽”。

例 10．Those who do not remember the past are condemned to relieve it.

凡是忘掉过去的人注定要重蹈覆辙。

在这个句子中，我们很难从词典中查找出 condemn 的含义，relieve it 也是如此，很难用直译的方法对应上地道的汉语表达。那么，在这个句子中，根据上下文的含义和中英文的习惯用法，我们将 condemn 译为“注定”，将 relive it 译为“重蹈覆辙”更加地道一些。

例 11．It is a good horse that never stumbles.

凡人皆有缺点。

例 12．It is a good divine that follows his own instructions.

能说者未必能行。

例 13．Unemployment is widespread all over the world.

失业是世界性的普遍现象。

这句话是按照中文的习惯表达，在“失业”后面加上了“现象”更加地道些。

例 14．Nobody will be the wiser.

没人知道是怎么回事。

例 15. Her father is an outstanding designer，but I can’t find any superior pretense in him.

她父亲是一位出色的设计家，但我没有从他身上看到任何的优越感。

“她”和“他”同音，应该把第二个代词“他”译成“她父亲”。

例 16．The bandits robbed him of his hoe，but it was his only family property.

土匪抢走了他耕地的锄头，可那锄头是他家仅有的一点资产啊。

“它”和“他”同音，如果放在同一个句子里容易混淆。

例 17．You think she will come if it is fine tomorrow．But I don’t think so.

你认为明天天好，她就会来，我觉得她不会来。

在这个句子中，不要翻译成：我不认为是这样。

例 18．So it is with the information-based teaching in its modern sense．In China it has been popularized for several years.

现代的信息化教学就是如此。在中国，这种教学法也是近几年才普及的。

例 19．A dozen and a half aeroplanes poured into the airport during that five minutes.

那五分钟内，有十八架飞机涌进了这个机场。

例 20．My mother is in her seventies.

我母亲已经步入古稀之年。

例 21．Her brother is thirty years old now.

她的哥哥今年应到了而立之年。

例 22．五百年来，中国的戏剧有了很大的发展。

The past five centuries witnessed great development in Chinese drama.

例 23．第一季度的工作尚未完成。

The work of the first quarter of the year has not been completed yet.

例 24．有三十位学生参加了考试。

One and a half score of students took part in the examination.

例 25．在过去的十年中，中国发生了翻天覆地的变化。

Great changes have taken place in China in the last decade.

例 26．他们都说这有毒，可我不相信这有毒。

They all say it is poisonous，but I don't believe it.

例 27．法语语法十分难学，学生很少不犯语法错误。

It is very difficult to learn French grammar and few students have avoided making mistakes in it.

例 28．昨天，我买了一本《钢铁是怎样炼成的》，这本书在中国相当受欢迎。

Yesterday I bought a copy of *How the Steel Was Tempered*. It is rather popular in China.

例 29．他等着她来，急得像热锅上的蚂蚁。

He waited for her arrival with a frenzied agitation.

例 30．那一刻，我感到她的颤抖，第一次明白她也有脆弱的一面。

At that moment I felt her back racked with emotion for the first time.

例 31．会上，两方发生争执，一方拂袖而去。

The two parties fell into fierce dispute. At last one party got up abruptly and walked off in a huff.

例 32．我们都是来自五湖四海。

We are from all corners of the country.

例 33．他的话把我打入闷葫芦里了。

His words threw me into bewilderment.

例 34．这是孩子们的事情，你去插一脚干嘛了？

That is a business of the kids，why would you get involved in?

例 35．希望你们考虑一下我们的意见。

I would very much appreciate it if you could take our suggestions into consideration.

例 36．他为人能干，事业成功。

He was an able and successful one.

例 37．现在辞职就是承认失败。

To resign now would be an admission of failure.

例 38．我一时间记不起他的名字。

His name escaped my memory for the moment.

例 39．他知道不论境遇如何，都可以把家庭作为靠山。

He knows he can depend don his family，rain or shine.

例 40．他拜倒在了她的石榴裙下。

He worshipped he on his knees.

例 41．在那里，古树摇曳春秋看，山花自谢自开，植被茸茸生烟。

Aged trees wave the seasons bye，while mountain flowers wither and blossom again in misty lush vegetation.

例 42．哑巴吃黄连，有苦说不出。

He was like thee dumb man eating the bitter herb: he had to suffer the bitterness of it in silence.

例 43．他心里像有 15 个吊桶打水，七上八下。

It was like the sword of Damocles above his head.

2.2.10　褒贬译法

从词性的角度来看，词汇可以分为名词、动词、副词、介词等；从感情色彩来分，词汇可以分为褒义词、贬义词和中性词。译者在翻译的过程中发现，词汇的词性会根据不同的语境而发生变化，比如：原文中的动词可能会转译成名词，原文中的形容词可能会转译成名词，原文中的副词可能会转译成动词，等等。但是，在翻译的过程中，词汇的感情色彩不能发生变化，必须严格按照原文的精神进行翻译。换句话说，在原文中是褒义词，在译文中也必须是褒义词；在原文中是贬义词，在译文中也必须是贬义词。这样才能不破坏原文的含义，保证翻译的准确性。一起来看下面的例子。

例 1．The wolf met a stubborn resistance from sheep crowd.

这头狼遭到了羊群顽强的抵抗。

例 2．All the inventors have a restless mind.

所有的发明家都有一个探索不止的头脑。

例 3．The kid is fidgety and restless.

这个小孩生性急躁好动。

例 4．As luck would have it，I was in the office on the day of your arrival.

真不凑巧，你来的那天我在上班。

例 5．张将军真是足智多谋啊！

General Zhang is really wise and resourceful.

例 6．那个敌军参谋长真是诡计多端。

That enemy chief of staff has a whole bag of tricks.

例 7．这位小姑娘长得真好看。

She is certainly a pretty little girl.

例 8．那个小偷被送到了派出所去了。

That pretty thief has been sent to the police station.

例 9．这位女影星在舞会上真是仪态万方。

The film actress appeared in all her glory at the ball.

例 10．这个政客在那场辩论中正是丑态百出。

That politician acted like a buffoon during that debate.

例 11．这位导演真是别具匠心，在剧中安排了一场演员走到观众当中的戏。

The director showed his ingenuity by arranging a scene in which the actors went into the audience of the play.

例 12．由于两次世界大战的爆发，各国人民蒙受了极大的灾难。

People of all countries have suffered great calamities in consequence of the two World Wars.

例 13．真遗憾，你的想象力太丰富了。

What a pity! You have got into wild flights of fancy.

例 14．诗人应该有丰富的想象力。

A poet should have rich imagination.

例 15．Something，anything，nothing，somebody，anybody，nobody 的用法

(1) They are nameless nothings.

他们是无名之辈。

(2) He has a strong desire to be somebody.

他极想出人头地。

(3) It’s always something that you are the owner of so many wonderful books.

想想你拥有这么多好书，你就会感到自慰。

例 16．由于

褒义：

(1) thanks to…

(2) by virtue of…

贬义：

in consequence of…

中性：

(1) owing to…

(2) due to…

(3) because of…

(4) as a result of…

(5) in view of…

例 17．funny

褒义：

(1) a funny writer　风趣的作家

(2) a funny story　滑稽的故事

(3) He is being funny．他在逗乐。

贬义：

(1) You will be sorry if you try anything funny in class．你是要在课堂上玩什么花样。

(2) She is a bit funny sometimes．她有时候有点疯疯癫癫的。

(3) Don't get funny with your boss．不得对老板放肆！

中性：

(1) There is something funny about the matter．事情有点蹊跷。

(2) a funny black hat　古怪的黑帽子

2.2.11　音译法

在英汉互译的过程中，按照原文的发音直接对应翻译成译文相同或者相近的语音，我们把这种翻译方法称为音译法。音译法的使用范围主要有以下几个方面。

例 1．翻译外来商品

Coca-cola 可口可乐

Giant 捷安特

例 2．翻译专有名词

Diana 戴安娜

William 威廉

Britain 不列颠

例 3．翻译新词

Simmons 席梦思

Morphine 吗啡

Humor 幽默

Club 俱乐部

Beatles 披头士(甲壳虫)

2.2.12 对等译法

翻译实践中最为常见的翻译方法之一——对等译法，就是在翻译过程中译者要在目的语中努力找到和源文本意思对等的表达，不管是单词、短语还是某些成语。也就是说，在翻译过程中要在译文中找到真正对等的表达。而在实际语言应用中，单词可以找到很多对等，也就是同义词。短语和成语就很难找到对等的表达。

汉英两种语言中单词的对等程度要高一些，因为单词的背景简单，语义结构简单。

例 1．electricity(名词)电

例 2．television(名词)电视

例 3．wheat(名词)小麦

例 4．坐(动词)sit

例 5．和(连接词)and

例 6．小(形容词)small

汉英两种语言中成语的对等主要体现在以下 3 个方面：比喻意义、比喻形式和感情色彩。其中比喻意义是最重要的对等，但如果三者发生矛盾时，要先注意比喻意义的对等。当然感情色彩也很重要，因为如果感情色彩出现偏差，那么这个成语肯定不能用。最后在比喻形式上，如果可以对等，就尽量对等，实在不行，大胆放弃。

例 7．cut in a joke 插科打诨

例 8．hit the nail on the head 一语道破

例 9．fish in troubled waters 浑水摸鱼

例 10．from the cradle to the grave 一生一世

例 11．thousands upon thousands of 成千上万

例 12．touch and go 一触即发

例 13．in deep water 水深火热

例 14．skin and bones 皮包骨头

例 15．turn up one’s noes at 嗤之以鼻

例 16．骑虎难下 hold a wolf by the ears

例 17．出人头地 be head and shoulders above others

例 18．大发雷霆 hit the ceiling；fly into a rage

例 19．吹毛求疵 pick a hole in sb’s coat

例 20．攀龙附凤 worship the rising sun

例 21．得意忘形 have one’s nose in the air

例 22．破釜沉舟 burn one’s boat

例 23．颠倒黑白 talk black into white

谚语跟成语一样，它的对等形式也主要体现在比喻意义、比喻形式和感情色彩三个方面。与成语方面相同的是，比喻意义的对等是最重要的，其次是感情色彩的对等。译者要做到在保留比喻意义和感情色彩对等的基础上，再追求比喻形式。但是，比喻形式的对等一般意义不大。

例 1．Look before you leap．三思而后行。

例 2．Ill news travels fast．恶事传千里。

例 3．Practice makes perfect．熟能生巧。

例 4．Make hay while the sun shines．趁热打铁。

例 5．欲速则不达。More haste，less speed．

例 6．皇天不负苦心人。Everything comes to him who waits．

句子翻译实例：

例 1．你为什么要引狼入室？

Why did you set the wolf to keep the sheep？

例 2．侵略者已经走投无路。

The invaders had come to the end of their tether.

例 3．他是信口开河，他对经济一窍不通。

He is shooting off his mouth．He does not know the first thing of economy.

例 4．照当时情况，他除了忍气吞声又能怎么办呢？

As things stood，what else could he do but swallow the insult？

上面几个例句的原文都包含着一个成语，如“引狼入室”“走投无路”“信口开河”“忍气吞声”“游手好闲”。每个例句都成功地用了对等译法，比如其中的“走投无路”对等了 come to the end of their tether，也就是“走到了范围界限处”。有些例句不仅做到了比喻意义和感情色彩的对等，而且尽可能做到了比喻形式对等，比如“引狼入室”对等了 set the wolf to keep the sheep。对等译法由于对应程度高，译文与原文产生的效果也是最接近的，所以深受译者和目的语读者的喜爱。

2.3 词汇翻译中的难点

2.3.1 成语的翻译

1．汉语成语英译

汉语成语生动形象、言简意赅，有很强的表达力，因此为人们所喜爱，成为常见的使用频率较高的一种语言表达方式之一。四字形式的汉语成语频繁出现在各类文体当中，诸如文学、科普等。所以，在汉英的翻译中，汉语成语的翻译也是非常重要的一部分内容。我们可以采用直译和意译的方法对其进行翻译。

下面我们一起来看个例子，“胸有成竹”这个成语在汉语中是很常见的。有人把它翻译成：have a bamboo in his stomach．很显然，他使用了翻译中的直译法，结果闹了一场笑话。在进行翻译时，首先得弄懂原文的含义。对于成语更是如此，它的表达比一般的语言要更难理解一些，所以译者需要弄懂意思之后再进行翻译。首先“胸有成竹”这个成语出自苏轼原语，大意是，如果要想画竹子，那么在开始绘画之前，画家要在自己的头脑中或者心理想好竹子的大致样子。后人比喻在做事情之前头脑中已经有了全面的思考和准备。所以这条成语我们不能采用直译的方法来翻译，只能通过理解它的含义，翻译出它的比喻意义：to have a well-thought -out plan before doing sth.。

那么，在汉语成语的翻译中，如何准确地进行翻译呢？我们将其分为两类：第一，可以直译的，直接翻译出字面意思即可。第二，必须意译的，翻译出其比喻意。

有一些汉语成语通过直译的方法，即按照字面的意思进行翻译，同样能达到同原文一样生动的比喻效果，译文能够使得读者很快联想到英文中对等的意思。

例 1．画蛇添足

to draw a snake and add feet to it

(相当于 paint the lily)

例 2．雪中送炭

to send charcoal in snowy weather

(相当于 help a lame dog over a stile)

例 3．对牛弹琴

to play the lute to a cow

(相当于 cast pearls before swine)

例 4．掌上明珠

a pearl in the palm

(相当于 the apple of one’s eye)

例 5．打草惊蛇

to stir up the grass and alert the snake

(相当于 wake a sleeping dog)

例 6．易如反掌

to be as easy as turning over one’s hand

(相当于 as easy as falling off a log)

例 7．竭泽而渔

to drain a pond to catch all the fish

(相当于 kill the goose that lays the golden eggs)

例 8．井底之蛙

to be like a frog at the bottom of a well

例 9．刻骨铭心

to be engraved on one’s heart and bones

例 10．声东击西

to shout in the east and strike in the west

汉语成语在翻译的过程中，并不是每一条都可以按照字面意思来翻译的。有时候字面翻译并不对等，这个时候我们要根据该成语的实际进行意译。一起看看下面的例子。

例 1．灯红酒绿

dissipated and luxurious

(死译：with red lights and green wine)

例 2．纸醉金迷

luxury and dissipation

(死译：with drunken paper and bewitched gold)

例 3．叶公好龙

professed love of what one really fears

例 4．悬梁刺股

to be extremely hard-working in one’s study

例 5．倾国倾城

to be exceedingly beautiful

例 6．毛遂自荐

to volunteer one’s service

例 7．南柯一梦

a fond dream or illusory joy

例 8．四面楚歌

to be besieged on all sides

例 9．初出茅庐

at the beginning of one’s career

例 10．罄竹难书

too numerous to mention

2．英语成语的翻译

英语成语具有精辟、形象、生动等特点，无论是在口语中，还是在书面语中，它都发挥着极其重要的作用。所以英语成语的翻译也就尤其重要了。我们一起来探讨一下如何进行英语翻译。总体来说，英语成语的翻译可以分为以下几种情况。

这类成语只需按照字面去理解即可，它们既没有很深的含义，也没有很难的典故，所以翻译时只需要按照字面翻译即可。比如：

例 1．last but not least

最后但不是最不重要的一点

例 2．laugh in sb.’s face

当面嘲笑

例 3．lay sth to heart

把某事放在心上

例 4．have pity on sb

同情某人

例 5．knit one’s brow

皱眉

还有一类成语含有明显的比喻意义。在这部分成语中，有一部分是从字面意义和比喻意义都能被理解了的，而另一部分则无法通过字面意义来理解，因为文化背景的原因，只能通过它的比喻意义才能理解它的含义。所以在进行翻译时一定要特别注意，具体问题具体分析。比如：

例 1．new wine in old bottles

旧瓶装新酒——旧形式不适合新内容

例 2．wash one's hands of

洗手不干——撒手不管

例 3．as wise as Solomon

像所罗门一样聪明——比喻非常富有智慧

例 4．the fifth column

第五纵队

例 5．crocodile tears

鳄鱼眼泪——比喻假慈悲

例 6．sour grapes

酸葡萄——相当于阿 Q 精神

例 7．hang on sb's lips

对某人言听计从

例 8．hang on sb's sleeve

任某人做主，依赖某人

例 9．draw blood

伤人感情，惹人生气

例 10．bury one's head in the sand

采取鸵鸟政策

例 11．bend an ear to

倾听，聚精会神地听

例 12．make a monkey of

愚弄

例 13．to be full of beans

精力充沛，精神旺盛

在英文中，有些成语的表达在形式上和汉语成语非常相似，但是千万不能望文生义，否则就完全译错了原文。比如：

例 1．pull sb.'s leg

错误的译法：拉后腿

正确的译法：开某人的玩笑，愚弄某人

例 2．eat one's words

错误的译法：食言

正确的译法：承认自己说了错话

例 3．dog-eat-dog

错误的译法：狗咬狗

正确的译法：残酷争夺，人吃人的关系

例 4．Child's play

错误的译法：儿戏

正确的译法：简单的东西，容易的事情

例 5．move heaven and earth

错误的译法：翻天覆地

正确的译法：想方设法、千方百计

3．翻译中英语成语的使用

在翻译中，我们都会不同程度地使用到成语。因为原文文体不同，所以要相对应地选择与该文体适应的成语。这就要求我们对不同语域的英语成语有所了解。能够根据不同的文体选择不同的成语，这样做会在很大程度上提高译文的流畅性和通顺性。对英语成语恰到好处地运用，会让英美国家的读者感到就像在阅读本地文章一样地道。事实上，有很多的英语成语能表达同一个意思，但它们在语域上存在着差别。正规的语言，我们用于政论、科技文体中；形象活泼的语言，我们用于文艺文体中；简洁的语言，我们常用于口语中。一起来看看英语成语在不同文体中的应用。

例 1．那一年我才三岁，记得来了一个癞头和尚，说要化我去出家，我父母自是不从。(曹雪芹：《红楼梦》，第三回)

The year I was three，I remember being told，a scabby monk came to our house and wanted to take me away to be a nun．My parents wouldn't hear of it．

例 2．也不知请了多少大夫，吃了多少药，花了多少钱。(曹雪芹：《红楼梦》，第七回)凤姐儿小道："果然不错，院子里头可不是花神。只怕老太太也是遇见了。"(曹雪芹：《红楼梦》，第四十二回)

Goodness knows how much silver we haver squandered on doctors and medicines to cure this illness of mine．

分析：在例 1 中"自是不从"是一句汉语成语，表达不听从的意思，在原文中是在转述癞头和尚与我父母的对话，因此这个成语口语化更显得符合问题的需求，因此译为 not hear of it。在例 2 中，"也不知"这里是典型的无主句，在翻译中就要先确定这个主语究竟是"我""你""还是谁"。根据上下文，这里强调请大夫花钱较多，只有老天爷知道，因此译为 Goodness knows。

例 3．我不相信会有第二个女人这样不捉弄他的，并且我还是确确实实的可怜他。

I don't believe that there is another woman who wouldn't have made a fool of him．Besides，I am really and truly sorry for him．

例 4．一切种类的文学艺术的源泉究竟是从何而来的呢？(毛泽东：《在延安文艺座谈会上的讲话》)

In the last analysis，what is the source of all literature and art?

例 5．所以我们决不可拒绝继承和借鉴古人和外国人，哪怕是封建阶级和资产阶级的东西。(毛泽东：《在延安文艺座谈会上的讲话》)

Therefore，we must on no account reject the legacies of the ancients and foreigners or refuse to learn from them，even though they are the works of the feudal or bourgeois classes.

分析：例 4 和例 5 都出自毛泽东主席《在延安文艺座谈会上的讲话》，因此属于政论文体，语言严肃正规。因此对应到相应的译文中也要选用严肃正规的问题。比如例 4 中的“究竟”你不能直接译为 on earth，anyway 等，要换成 in the last analysis。

例 6. 这种材料并不比石头更有弹性。

This material is no more elastic than stone.

例 7. 这些金属很难说都是良导体。

It is far from certain that all these metals are good conductors.

例 8. 我告诉他：“甭急，明天就走！”他说：“走，甭回来了！不要你了！”

“Don’t worry，I am off tomorrow，” I told him. “Go on then!” He said. “Good riddance to bad rubbish!”

例 9. 我一律回答：“不知道。”跟着就会听到一句：“别来这个了，你还能不知道!”

I invariably answered ，“I don’t know，” which was usually followed by “come on. Don’t tell me you don’t know by now. ”

例 10. 不想如今忽然来了一个薛宝钗。(曹雪芹：《红楼梦》，第五回)

But now Baochai had suddenly appeared on the scene.

例 11. 狗儿名利心重。(曹雪芹：《红楼梦》，第六回)

Gou’er had an eye to the main chance.

例 12. “姥姥既然这么说，况且当日你又见过这姑太太一次，为什么不你老人家明日就去一遭，先试试风头儿去？”(曹雪芹：《红楼梦》，第六回)

“Since this is your idea，mother，and you have called on the lady before，why not go there tomorrow and see how the wind blows？”

例 13. 凤姐笑道：“还不足兴！再吃一杯罢？”刘姥姥忙道：“了不得！那就醉死了！我因为爱这样好看，亏他怎么做来着！”(曹雪芹：《红楼梦》，第四十一回)

“You haven’t drunk enough yet,” said Xifeng. “Have another cupful.” “Not on your life! It would kill me. It’s just that I admire pretty things like this. What workmanship!”

例 14. 宝钗见他羞的满脸飞红，满口央告，便不忍再往下问。(曹雪芹：《红楼梦》，第四十二回)

She was blushing in such confusion and pleading so hard that Baochai had not the heart to question her further.

例 15. 我又不会这工细楼台，又不会画人物，又不好驳回，正为这个为难呢。(同上，第四十二回)

I’m no good at the details of building or at painting people either, but I can’t very well back out now. A fine fix I’m in.

分析：上面几个例子都出自四大名著之一《红楼梦》，这是一部清代章回体小说，文中用了很多成语、谚语以及古诗，语言很有特点。比如“放在心上”在汉语中虽然不是成语，但是有对应的英文 take it into heart(铭记于心)的意思；“名利心重”也就是贪图富贵官位，对应了 have an eye to the main chance(图谋私利)的意思；“太满了就要流出来了”是比喻的含义，是指要谦虚不要骄傲，对应 full of oneself(自鸣得意)的意思。

例 16. 论理，见过老爷，还该重重的谢我一谢才是！(吴敬梓：《儒林外史》，第一回)

You ought by rights to be rewarding me!

例 17. 他母亲奄奄一息，归天去了。(吴敬梓：《儒林外史》，第一回)

Then his mother breathed her last.

例 18. 她去年曾替玛丽做过一次恋爱婚姻介绍者。她又希望我能同苇弟好。(丁玲：《莎菲女士日记》)

Last year she tried to arrange a love marriage for Mary, and she wants me and Wei to hit it off.

例 19. 但是我不愿留在北京，西山更不愿去了。(丁玲：《莎菲女士日记》)

But I refuse to stay in Beijing，let along go to the Western Hills.

例 20．和八大的时候比较，现在我们党对我国社会主义建设规律的认识深刻得多了。(邓小平：《中国共产党第十二次全国代表大会开幕词》)

In comparison with the time of the Eighth Congress，our Party today has attained a much deeper understanding of the laws governing China's socialist construction.

例 21．我们有充分的根据相信，这次代表大会制定的正确的纲领，一定能够全面开创社会主义现代化建设的新局面。(邓小平：《中国共产党第十二次全国代表大会开幕词》)

We have every reason to believe that the correct programme that will be deceded on at this congress will create a new situation in all fields of socialist modernization.

例 22. 顾八奶奶：我花二百块钱叫法国有名的杜大夫检查一下，他才查出来，"心脏病"!怪不得我的心常痛呢！(曹禺：《日出》)

Gu：Then I paid two hundred dollars to be examined by the famous French doctor，M. Ledoux，and he found out what was wrong with e straight away：heart trouble. It was no wonder that my heart often pained me.

综上所述，汉英翻译中，成语的翻译尤为重要。如何在不同的文体中使成语得到最地道的翻译更加重要，所以我们在平时的学习中要注意积累，扩充词汇量和英语成语的表达，并且学习将积累到的知识运用到翻译中。接下来，我们试着用英语成语来口译以下的汉语词组。

例 1．设身处地

put oneself in sb's shoes

例 2．扭转局势

turn the tide

例 3．拘泥礼节

stand on ceremony

例 4．弄清楚

make head or tail of

例 5．撵走某人

send sb．packing

show sb．the door

例 6．埋头读书

have one’s nose in a book

例 7．禁止

put the lid on

例 8．话中有话

with the tongue in the cheek

例 9．改过自新

mend one’s ways

turn over a new leaf

例 10．穷困潦倒

be down and out

come down in the world

例 11．讨厌

have no use for

例 12．偷鸡不成蚀把米

go for wool and come home shorn

例 13．雷声大，雨点小

much cry and little wool

例 14．体会言外之意

read between the lines

文体不同，翻译也不相同，这在很大程度上取决于所使用成语的语域。所以在翻译时，一定要首先弄清楚英语成语的语域，要明白所使用的成语是口语的还是正式的。不能用口语的成语来翻译正规的原文，也不能用正规的成语来翻译口语化的原文，这样就破坏了原文的含义，翻译出的译文也就不准确了。

4．翻译中汉语成语的使用

目前有这样一种趋势，无论是在汉语的写作中，还是在汉英翻译的作品中，汉语成语的运用频率非常高，越来越多的人喜欢使用汉语成语。因为它们言简意赅，排列整齐，读起来朗朗上口。在翻译中，如果可以准确地使用到汉语成语，那对于译文来说就是锦上添花。所以在忠于原文的基础上，要充分利用译文的语言优势，如果能够在译文中准确使用成语，对译文也是添色不少。我们先来看以下例子：

例 1．The girls were all smiles on hearing the good news.

姑娘们听到这个好消息都满脸堆笑。

很显然，原文中的 smiles 是个褒义词，而“满脸堆笑”在译文中则带有明显的贬义色彩，这与原文的风格格格不入。有人把它翻译成：眉开眼笑。这也不是很合适，在很多场合下，这个词语也含有贬义的色彩。我们可以选用一个褒义词来进行翻译。可以把它译成：听到这个好消息后，姑娘们个个笑逐颜开。从这个例子中，我们可以看出汉语成语的翻译也需要注意其感情色彩。

例 2．Louisa(a peasant girl)：As you have come to my home，I feel greatly honoured.

路易莎(一位农家姑娘)：大驾光临，不胜荣幸！

这是节选于一部外国影片中的台词。从情景中，我们可以得知，故事的主人翁是一位农家姑娘。这是一位受教育程度并不很高的农家姑娘，所以译文中出现的“大驾光临，不胜荣幸”与说话者的身份明显不符。这样的语句出自一位农家姑娘，这完全违背了原文的精神。我们在翻译时，要根据具体的语境和说话者的身份来进行准确、地道的翻译，不能为了追求言语的华丽，从而破坏了原作的精神，全然不顾原文的语言特点和人物的塑造。所以说，在翻译时，一定要注意场合，结合具体的场景和人物的性格特征。对于原文中口语化的表达，在翻译时要同样译成口语色彩比较重的语言。这个句子我们可以译成：“您能来我家，我真是太高兴了。”

例 3．That crippled the Education Act Amendment.

教育法的修订，就此半途而废。

例 4. The capital was a slumbering village in summer, largely forgotten the rest of the year.

夏天，首都沉沉欲睡，恰如村野；至于其他季节，更没有人记得它了。

例 5. They rejoiced amidst the flames of the burning capital in the death of the American President as a sure sign that the Almighty would now rescue thee Third Reich at the eleventh hour from impending catastrophe. (William Shirer: *The Rise and Fall of the Third Reich*)

他们在首都的熊熊大火中为美国总统的死亡而兴高采烈，认为这是上帝终于在最后的刹那把第三帝国从迫在眉睫的灾难中拯救出来的千真万确的迹象。

例 6. Someday the minutes will have to come light. They will show nothing but a dreary sham, a repulsive exercise in diplomatic dodging, shadowboxing and double-talking.

有朝一日，会议记录终将公诸于众。这些记录终将表明，一切都是枯燥无味、弄虚作假的东西是外交上虚与委蛇、装模作样、不知所云的令人反感的行径。

例 7. Even the most beautiful fell quickly under the darkness of time, like flowers without care.

最美的娇娃，因为不堪时艰，很快便姿容消褪，就像无人护理的花朵一般。

例 8. But in this country she could have forever while teeth and color in her hair.

但是在这个国度，她可以永带两行碎玉，头顶青丝。

例 9. They hung the tree with shining necklaces, as if it were a holy saint with the power of curing evil and hearing prayers.

他们在树上挂满闪闪发光的彩球飘带，煞有介事地把它当成能够驱邪驱鬼、有求必应的神灵。

例 10. The old lady was always hurried during the day and tired at night.

这个老妇人白天总是匆匆忙忙，晚上就疲惫不堪。

例 11. The trees at that season were colorful—she had never seen this before.

这时节的树木却多姿多彩，这是她见所未见的。

例 12．He got into the shoving and pushing and halting and slow flowing of Broadway．

他不知不觉地走入了那条推推挤挤、走走停停的百老汇大街。

例 13．All through the day Benes，staggering from fatigue，consulted with his cabinet，party leaders，and generals．At about five o'clock that afternoon of September 21 his government submitted．A Czech communique explained to the world："We had no choice，because we were left alone．"Benes said，"we have been basely betrayed．"

那天从早到晚，贝耐斯找阁员开会，执政党领袖商量，向带兵将领征求意见，疲惫不堪，一步一拐。9 月 21 日下午 5 点左右，贝耐斯政府屈服了，捷克发表公报对全世界说："我们别无出路，因为孤立无援。"贝耐斯说，"有人卑鄙无耻，把我们出卖了。"

2.3.2　谚语的翻译

谚语就是对各种生活现象进行综合概括并在群众中广泛流传运用的语言，它们是劳动人民对自己长期生活经验的科学总结。它们用词精炼、比喻恰当、生动形象、寓意深刻。这些谚语没有一个多余的词，一般在单句中看韵律，在双句中看对仗，文体相当口语化，读起来朗朗上口，便于人们熟悉、记忆和流传。

那么，我们如何进行谚语的翻译呢？采用什么样的方法来翻译呢？

在翻译的过程中，应该遵循一个原则，在不破坏原文、不影响译文读者理解的前提下，译者要尽可能地采用直译的方法。这样的方法可以把原文传达的内容、形式和精神都带到译文当中，减少译文的损失，使读者尽可能更多地领略到原文的精神。一起来看例子。

1．直译

英语谚语：

(1) Half a loaf is better than no bread.

有半块面包总比没有好。

(2) If you run after two hares，you will catch neither.

同时追两兔，全都抓不住。

(3) In the country of the blind the one-eyed man is king.

盲人国中，独眼称雄。

(4) Forbidden fruit is sweet.

禁果分外甜。

汉语谚语：

(1) 初生牛犊不怕虎。

New-born calves make little of tigers.

(2) 城门失火，殃及池鱼。

A fire on the city wall brings disaster to the fish in the moat.

(3) 明枪易躲，暗箭难防。

It is easy to dodge a spear in the open，but hard to guard against an arrow shot from hiding.

2. 意译

在翻译的过程中，有一些谚语由于自身语言结构和文化差异的影响，没有办法进行直译。如果直译，不但破坏了原文，而且读者无法理解译文，所以，在这种情况下，为了一味地追求原文的形式，而采用直译出来的文章是不合适的，此时采用意译可以更好地表达出它的比喻意，使得读者更好地理解原文。一起来看例子。

英语谚语：

(1) It is an ill wind that blows nobody good.

意译：对人人都有害的事，天下少有。

直译：不给任何人带来好处的风的确是恶风。

(2) When Greek meets Greek，then comes the tug of war.

意译：两雄相争，其斗必烈。

直译：希腊人遇上希腊人，一定会引起争斗。

(3) Every man has a fool in his sleeve.

意译：人人都有糊涂的时候。

直译：人人袖子里都装这个傻瓜。

汉语谚语：

(1) 此地无银三百两。

意译：A guilty person gives himself away by conspicuously protesting his innocence.

直译：No 300 tales of silver buried here.

(2) 塞翁失马，焉知非福。

意译：A loss may turn out to be a gain.

直译：When the old man on the frontier lost his mare，who could have guessed it was a blessing in disguise?

(3) 失之东隅，收之桑榆。

意译：What one loses on the swings one gets back on the roundabouts.

直译：Lose where the sun rises and gain where the sun sets.

3．套译

对于对等或者基本对等的谚语，在翻译时可以采用套译的方法，这样可以使译文更加流畅和通顺。一起来看例子。

英语谚语：

(1) When shepherds quarrel，the wolf has a winning game.

合蚌相争，渔翁得利。

(2) Many straws may bind an elephant.

烂麻搓成绳，也能拉千斤。

(3) Like begets like.

龙生龙，凤生凤。

(4) He that sows the wind will rep the whirlwind.

玩火者必自焚。

汉语谚语：

(1) 三思而后行。

Look before you leap.

(2) 少见多怪。

Wonder is the daughter of ignorance.

(3) 半瓶醋，出事故。

A little knowledge is a dangerous thing.

(4) 一次被火烧，二次避火苗。

A burnt child dreads the fire.

综上所述，无论是英语谚语的翻译还是汉语谚语的翻译，都不能死搬硬套，要根据具体的语境选取具体的方法。不能用包含着中国地名或人名的汉语谚语去套译英语谚语。同理，也不能直接把西方的地名或人名放在汉语谚语中。结合下面的例子来充分理解一下。

(1) "Is Susan beautiful?" asked Mrs. Taft.

"She is anything but beautiful," replied Mr. Taft.

"How could our silly John fall in love with such a girl?" Mrs. Taft was surprised.

"Why not? Beauty lies in the lover's eyes, as the saying goes," Mr. Taft answered with a gentle smile.

"苏珊漂亮吗？"塔夫脱太太问道。

"一点也不漂亮。"塔夫脱先生答道。

塔夫脱太太感到惊讶："我们的傻约翰怎么会去爱上这样一个女孩子呢？"

塔夫脱先生温和地笑道："有啥大惊小怪的？"俗话说得好："情人眼里出西施。"

这篇译文让中国人很是诧异，中国古代的西施在外国也很出名吗？很显然，这样来译是不合适的。应该把它译成：情人眼里出美人。

(2) Men may meet but mountains never.

正确的译法：山和山无法碰头，人和人总会相遇。

错误的译法：人也许会相见，可是山头却不会。

(3) Who has never tasted bitter，knows not what is sweet.

正确的译法：不尝黄连苦，怎知蜂蜜甜。

错误的译法：一个从来没有尝过苦味道的人是不知道什么叫甜味的。

2.3.3　俚语的翻译

俚语是比较通俗的口语词，有些俚语带有粗俗性，有些带有方言性。俚语不但出现在口语中，而且在书面语中也经常出现。因此，无论是英汉翻译，还是汉英翻译，我们都无法回避俚语的翻译。

俚语分为三类：委婉语、粗俗语和赌咒语。我们主要看看委婉语的翻译。在俚语中，委婉语是最常用的，并且是俚语中最婉转的一种表达，它能直接回避掉人们在日常生活中难以启齿或最容易伤人感情的词语或句子，选用一些比较形象、温和、迂回的表达。一起来看例子。

例 1．死亡的表达

(1) to pass away

(2) to go to sleep

(3) to end one's day

(4) to expire

(5) to lay down one's life

(6) to be no more

(7) to close one's eyes

(8) to breathe one's last

(9) to pay the debt of nature

(10) go to one's long home

(11) go to one's grass

(12) cross over the River Jordan

(13) be promoted to glory

(14) go the way of all flesh

(15) be called to God

(16) to be asleep in the Arms of God

(17) go to heaven

例 2. 怀孕的表达

(1) She is five months gone.

(2) to be in a delicate condition

(3) a lady-in-waiting

(4) She is in an interesting condition.

(5) She is in a delicate condition.

(6) She is in a family way.

(7) She is expecting.

(8) She is knitting little booties.

例 3. 厕所的表达

英汉中的“厕所”和“上厕所”一般也采用委婉的表达。其中“厕所”最正规的表达是 lavatory；latrine 是指“公共厕所”。“男厕所”和“女厕所”最常用的表达是：Ladies's (Room)，Men's (Room)，Gents'。Bathroom 和 toilet 都用来指厕所。人们日常中常说的 WC 是指有抽水马桶的卫生间，是欧洲人常用来使用的厕所的最普通的委婉语。相比较而言，loo 就俗气了一些，它相当于汉语中的“茅坑”。在厕所的表达中，女厕所的表达方式是最委婉的，常见的表达有：wash room；dressing room；powder room；lounge；等等。

下面是一些有关“上厕所”的委婉的表达。

(1) May I please be excused?

(2) May I go to the bathroom please?

(3) May I please leave the room?

(4) May I use the facilities?

(5) What is the geography of the house?

(6) I am going to do my business.

(7) I am going to my private office.

以上是英文中“上厕所”的委婉的表达，我们可以根据具体的情况来使用以上句子。那么在汉语中，同样的道理，我们可以用“上厕所”的各种委婉语：去方便一下、去解个手、去洗个手等等。

赌咒语是俚语中的另一种语言，在英汉这两种语言中，都有用发誓、赌咒等来表示强调、不满和憎恨等现象的。赌咒中经常使用天堂、地狱、上帝、魔鬼以及死、杀、鬼等词语，也有一些赌咒别人死亡的方式，如下地狱、炸死、乱刀砍死等等。但是，这些表示赌咒的词语往往不表示其字面的含义，所以我们不能采取直译的方法，而要采用意译的方法来进行翻译，并且要根据英汉两种不同的文化和语言习惯，进行译文的调整。一起来看看例子。

例 1．hell(原意为“地狱”“阴间”)

Oh，hell! I have missed the last train.

真是该死！我没有赶上末班火车。

例 2．devil(原意为“魔鬼”“恶魔”)

(1) The devil he is honest!

他要诚实才怪哩。

(2) The devil take it!

糟了！该死！见鬼！

(3) You can go to the devil!

你可以滚蛋了！

(4) Ha! Ha! What a devil of a name!

哈哈！多怪的名字。

(5) What the devil do you expect me to say?

你到底要我说什么了？

例 3．bloody (原意为“血淋淋的”“血糊糊的”)

(1) he is bloody drunk.

他喝得烂醉。

(2) It is a bloody shame.

真是太丢脸了！

(3) He is a bloody character.

他是个讨厌的家伙。

(4) You bloody fool!

你这个该死的蠢货！

例 4．confound(原意为“使混乱”)

(1) Confound it !

讨厌！该死的！

(2) What confounded weather!

多么讨厌的天气呀！

(3) Where is that confounded man?

那个该死的家伙在哪儿?

(4) A confounded idiot!

十足的大傻瓜!

(5) I have been kept waiting a confounded long time.

叫我傻等了很长时间。

例 5．damn(原意为“上帝降罚”“使入地狱”)

(1) Damn it!

该死的！糟了！

(2) God damn you!

混账！该死的！

(3) Damn this work(rain)!

讨厌的工作(雨)!

(4) Grammar be damned!

去他妈的语法！

(5) I will be damned if I do!

我要干这事，我就不是人！

例 6．该死的

Damn you!

例 7．见鬼去吧！

To hell with you!

例 8．不得好死！

Hang you！

例 9．挨刀货！

Blast you!

例 10．你这个杀千刀！

You be hanged!

粗俗语是俚语中的另外一种语言，它指的是一些带有侮辱性、不堪入耳的粗俗的语言。它们用粗俗的语言来表达自己的烦恼、惊奇、侮辱、藐视等等。所以在英汉互译中，一定要格外注意。一起来看看例子。

例 1．Don’t talk crap!

不要胡说八道！

例 2．Balls to the lot of you —I am going home.

去你们的！我可要回家了。

例 3．把眼睛里没主子的小蹄子打烂了！(曹雪芹：《红楼梦》，第四十四回)

We will give this impudent little bitch a good flogging.

例 4．王八蛋们，怎么又在这儿碰上了？(冯志：《敌后武工队》)

You devils，so we meet again!

2.3.4　惯用语的翻译

惯用语是口头语中常用的一种语言。它比成语更加灵活，比书面语更加生动、形象，讽刺性更强。它使用的用语是含蓄的，但是寓意深刻。这种语言主要出现在人们的日常生活中，所以在翻译中，惯用语的翻译也是非常重要的一部分，它和人们的生活息息相关。

对于惯用语的翻译，可以直译的并不多。这是因为惯用语的比喻义比较强，不是我们可以从字面就可以理解的。只有为数不多的惯用语可以采用直译的方法。一起来看看例子。

1．直译

例 1．连根拔

tear up by the roots

例 2．一窝蜂

like a swarm of bees

例 3．及时雨

timely rain

例 4．走后门

get in by the back door

例 5．病急乱投医

turn to any doctor one can find when critically ill

例 6．九牛二虎之力

the strength of nine bulls and two tigers

2．意译

例 1．寻短见

直译：look for a short view

意译：commit suicide

take one's own life

例 2．炒冷饭

直译：fry the cold rice

意译：dish up the same old stuff

例 3．风凉话

直译：cold words

意译：irresponsible and sarcastic remarks

例 4．小广播

直译：a small broadcast station

意译：spreading of hearsay information

例 5．门外汉

直译：a man outside the gate

意译：the uninitiated

例 6．不到黄河心不死

直译：not stop until one reaches the Yellow River

意译：not stop until one reaches one's goal

例 7．跑了和尚跑不了庙

直译：The monk may run away，but the temple can't run with him.

意译：A fugitive must belong to some place that can provide clues.

例 8．说曹操曹操就到

直译：mention CaoCao and there he is

意译：talk of thee devil and he will appear

3．套译

例 1．煞风景

be a wet blanket

例 2．拍马屁

lick sb.'s boots

例 3．摆架子

put on airs

例 4．绕圈子

beat about the bush

例 5．放空炮

spout hot air

例 6．露马脚

let the cat out of the bag

例 7．灌米汤

butter sb．up

例 8．戴高帽子

lay it on thick

例 9．试金石

touchstone

例 10．唱反调

sing a different tune

例 11．开绿灯

give the green light

例 12．泼冷水

pour cold water on

2.3.5 歇后语的翻译

歇后语是一种特殊的语言形式，它在人群中流传比较广泛。这种语言诙谐幽默、生动形象。它一般由两部分组成，在第一部分会用一些生动的比喻，在第二部分对这个比喻做明确的解释说明。在日常生活中，我们经常会使用到歇后语，所以在翻译中，歇后语的翻译也是非常重要的一部分。

大部分的歇后语都是生动形象的比喻，在后半部分用人们可以理解的解释和说明，相当于展开了同前半部分的比喻，不包含一词二义的谐音词语或双关语。对于这种普通比喻的邂逅语，我们一般采用直译。这样在保持了原文内容的同时，也把原文的风格延续了下来。这样翻译，既忠于原文，又生动形象。一起来看例子。

1．直译

例 1.“咱们俩的事，是一条绳拴着两蚂蚱，谁也跑不了！”(老舍:《骆驼祥子》)

We are like two grasshoppers tied to one cord：neither can get away.

例 2．这件事，除了他三儿子和几个经手的人以外，谁也不知道。他也不对任何人提起。哑巴吃黄连，有苦说不出。(周立波：《上海的早晨》)

No one knew of these transactions apart from his youngest son and the few people who had handled them，nor was he going to mention the matter to anyone else. He was like the dumb man eating the bitter herb：he had to suffer the bitterness of it in silence.

2．意译

在翻译中，有不少歇后语是无法进行直译的。它们有的是在后半部分出现了一语双关，有的是由于两种文字在文化和语言上的差异所导致的无法直译。针对这些情况，我们在翻译时只能对原文进行意译。否则，无论是中国读者还是外国读者都会不知所云。下面一起来看例子。

例 1．穷棒子闹翻身，是八仙过海，各显其能。(周立波：《暴风骤雨》)(含有中国古代的神话)

When we pass from the old society to the new，each of us shows his true worth.

例 2．等他们赶来增援时，已是“正月十五贴门神——晚了半月啦！”(冯志：《敌后武工队》)(含有中国风俗和佛教)

But they were too late for a rescue.

例 3．“对欣药业，老实讲，我是擀面杖吹火——一窍不通。”(周而复：《上海的早晨》)

To be quite honest with you，I don’t know the first thing about the modern drug business.

例 4．“我在店里呢，是灯草拐杖，做不得柱(主)的”。周而复：《上海的早晨》)

My position in the company doesn’t permit me to make a decision individually.

例 5．“我是想，咱们是孔夫子搬家，净是书(输)。”(周立波：《暴风骤雨》)

Only I feel bad we lose every fight.

2.3.6　颜色的翻译

由于中西方文化的差异，同一种颜色在汉语和英语中的表达完全不同。然而，在日常交际中，颜色的使用也非常频繁。因此，在英汉互译中，颜色的翻译也是非常重要的一部分。

在英语和汉语中，基本的表示颜色的词是大致相同的：红色 red；绿色 green；黄色 yellow；橙色 orange；黑色 black；蓝色 blue；紫色 purple；白色 white；棕色 brown；灰色 grey；等等。但是虽然是大部分颜色词是相同的，但它们运用于不同的文体中，意义就截然不同了。它们的外延和内涵也就不尽相同了。因此，我们要准确地翻译出和颜色相关的内容，就必须对中西文化的差异有所了解，要充分学习跨文化交际下颜色的运用。比如说，在电影中我们会看到这样的句子：我要让你白刀子进，红刀子出！这样的句子我们就不能简单地直译为"I will let you see red."。很显然，这里的颜色词并不是它字面上所表达出的意思，而是隐藏在两种不同的文化背景下的不同含义，因此，就不能仅仅从这颜色词去理解这个句子的意思。下面详细介绍一些基本颜色词的用法。

1．红色：red

红色，象征着喜庆。这个色彩充满了活力，热情，让人感到兴奋。留意一下，我们不难发现，在中西方的一些传统节日中都会使用到红色。比如中国的春节，我们会贴春联，挂灯笼，贴窗花，而这些都是以红色为主色。在中国其他的一些传统节日中，也会使用到红色，比如婚庆，在节日当天会贴上红色的对联、红色的喜字等等，以此来表示庆祝。

英文中的 red，它的含义是幸运、喜庆、热烈、赤字、亏损、负债等等。比如：red light 危险的信号；red cross 红十字会；red tape 官僚作风；red eye 廉价的威士忌酒；red ruin 火灾；red flag 警戒旗；red gold 纯金；red cent 一分钱；汉语的"红色"则有以下含义：喜庆、成功、革命等等。比如：开门红 get success at the very beginning；红事 wedding；红脸 get angry or be shy；红运 good luck；红火 very busy and flourishing ；红人 a favorite with somebody in power；红榜 honor roll；等等。

2．白色：white

白色和英文 white 都可以表示"清纯无瑕"'。白色在汉语中有"徒劳"的含义，在这样的表达中，它已经不再是表示颜色。比如：白费事 a waste of time；白送 give away，free of charge；等等。在英语中表达人的种族时，可以用颜色来区分，比如：the black people 黑人；the white people 白人；the yellow people 黄种人。但是在表达人的皮肤的白与黑时，我们用 fair 和 blond。

在以下的词语中白色和 white 都已不是颜色本身的含义，一起来看。真相大白 the fat made clear；表白 explain something for oneself；白吃 eat something without pay．再比如：white list 白名单；a white lie 无恶意的谎言；white room 最清洁的房屋；white wedding 吉祥如意的婚礼；white man 正直高尚的人；white light 公正无私的裁判；days marked with a white stone 幸福美满的日子。

3．黑色：black

在英汉不同的文化中，黑色和 black 都象征着苦难和死亡。比如：黑店 gangster inn；黑心 evil mind；黑幕 inside story of a plot ；黑手 the reactionary power having some evil activities secretly；黑社会组织 the unlawful social organization doing some illegal activities as their job；等等。Black man 恶魔；black heart 奸恶阴险之人；black spot 交通事故多发地段；black mood 情绪低落；black look 恶狠狠的眼色；等等。

在英语中，black figure 赢利；in the black 赚钱。黑色在西方文化中也象征着威严、尊重和庄重。Black dress 黑色礼服；black suit 黑色西装。这些是传统的服装，在正式场合，人们都喜欢黑色的礼服。近些年来，随着东西方文化的交流越来越频繁，在西方的这种表示服饰的颜色在中国也逐渐流行起来。比如：the white-collars 白领；the blue collars 蓝领。

4．黄色：yellow

在中西文化中，黄色和 yellow 是不同的含义。在中国，黄色代表着至高无上的权力和地位。我国从唐代开始黄色便正式成为了皇室的专用颜色，象征着神圣和正统。比如，像汉语中的“黄袍”“黄榜”等，都是与荣耀和尊贵联系在一起的。黄色是权力、尊严和崇高的象征，在中国人的心中占有极高的位置。但是，黄色除了这个含义之外，它还有别的含义，表示色情的、堕落的意思。但是在翻译的过程中，像黄色书刊等不能采用直译的方法来进行翻译。不能翻译成：yellow books，它与别的词构成了一些新词。比如：黄屋 the ancient emperor's carriage；黄卷 the ancient books almanac；等等。

英文中的 yellow 除了表示颜色之外还有很多的含义，比如可以表示胆怯的、卑鄙的、嫉妒的等等。Yellow dog 野狗，卑鄙的人；yellow boy 金币，黑白杂种；yellow alert 空袭预备警报；yellow belly 可悲的胆小鬼；yellow looks 诧异的眼神；等等。

还有很多黄色的词语是完全脱离了颜色本来的含义。比如：黄粱梦(落空的好事)；黄昏恋(老年人的恋情)；黄牛(投机倒把分子)；黄泉路(死亡)；yellow page 电话号码本；yellow book 法国官方文件。

5．绿色 green

在中西文化中，绿色和 green 表达含义是不同的。绿色在中国文化中是一种低贱的颜色。在古代，身份低贱的人所穿的衣服是绿色。在英文中 green 表示的含义是：希望、美好、春天，它是与环境相关的词语。比如：green consumerism 绿色消费。除此之外 green 还有很多其他的含义，它可以表示年轻的、新的、嫉妒的等等。

但是有很多词语是和绿色本身的颜色不相关的表达。比如：a green hand 新手；green room 演员休息室；green eyed 眼红、嫉妒；green house 暖房、温室；in the green 青春期；a green old age 老当益壮；in the green tree 处于佳境；leave a glorious name in the history 青史；等等。

6．颜色的翻译方法

由于中西方文化的差异，英汉这两种语言存在很大的区别，英语中和颜色相关的很多的表达方式都有其特殊的文化含义。因此，在进行翻译的时候，一定要先弄清楚这些颜色所代表的含义，在很多情况下，它们代表的已经不是颜色了。如果没有弄清楚这些具体的含义就进行翻译的话，往往会产生误解。因此，具体问题具体分析，我们一起来看看常见的颜色的翻译方法。

直译：

例 1．White House

白宫

例 2．The-grey-black clouds had suddenly departed and an expanse of colored clouds had blazed up at the western edge of the sky.

灰黑的云突然散去，西边烧起了一片云彩。

意译：

例 1．You look blue today．What's wrong with you？

你今天看起来闷闷不乐的，有什么事情吗？

这个句子翻译的关键词就在于 blue．它表示人的心情时，指的是忧郁、伤感、沮丧等。In a blue mood 情绪低沉；a blue Monday 倒霉的星期一；once in a blue moon 极不可能的。

例 2．black coffee

纯咖啡(不能译为黑咖啡)

black coffee 不是说咖啡的颜色是黑的，而是指没有加牛奶的咖啡。这一翻译也源于没有加奶的咖啡颜色本身就是黑色这一现象。与它相反的一个词是 white coffee，指的是加了牛奶的咖啡，也不能翻译为白咖啡。与 black 相关的另一个表达是 black sheep 害群之马。黑色还经常用来表达怒气冲冲、充满仇恨之意。give sb．a black look 恶狠狠地瞪了某人一眼；in a black mood 情绪低落；a black mark 令人不满之处。因此，在翻译时要根据具体的情况进行处理。

例 3．When Jack's brother got a new bike，Jack was green-eyed.

杰克嫉妒他的哥哥买了一辆新自行车。

这个句子翻译词是 green-eyed，表示的含义是嫉妒、吃醋等。另还有 green with jealousy，green with envy 等也表示这样的含义。除此之外，英文中还经常用绿色表示缺乏经验等含义。green hand 生手，新手。

2.3.7 词类的搭配

1．英语中的词语搭配

词汇的翻译之所以不好做，是因为每个词汇的含义各不相同，特别是有很多词，本身含义就非常广泛，而且有不同的搭配。当它们和不同的词进行搭配时，意义是截然不同的。因此，在词汇的翻译过程中，我们首先要解决好词语搭配问题，这样在弄清原文的准确含义下，才能在目的语中抓住最准确的词语进行翻译。一起来看例子。

例 1．以 cut 为例

(1) to cut an apple in two 把苹果一分为二

(2) to cut grass 割草

(3) to cut cake 切蛋糕

(4) to cut a speech 缩短演讲

(5) to cut a class 逃课

(6) to cut finger nails 修剪指甲

(7) to cut the ribbon for an exhibition 为展览会剪彩

(8) to plant trees to cut the wind 植树挡风

(9) My vicious remarks cut him.我恶意的言语刺伤了他。

(10) We had a quarrel and now she cuts me whenever we meet．自从我们吵架之后，她遇见我都装着不认识。

(11) She cut a butterfly out of a piece of paper．她用一张纸剪成了一只蝴蝶。

例 2．以 hot 为例

(1) hot bath 热水浴

(2) hot news 最新的消息

(3) hot material 强放射性的物质

(4) hot dispute 激烈的争论

(5) hot on pop music 热衷于流行音乐

(6) hot music 节奏强的音乐

(7) a hot temper 暴脾气

例 3．以 broken 为例

(1) a broken man 一个绝望的人

(2) a broken spirit 消沉的意志

(3) a broken soldier　一个残废军人

(4) a broken promise　背弃的诺言

(5) broken money　零钱

(6) broken English　蹩脚的英语

例 4．以 exercise 为例

(1) exercise influence　施加影响

(2) exercise responsibility　履行责任

(3) exercise options　行使选择权

(4) exercise monopoly　实施垄断

(5) exercise democracy　实行民主

例 5．以 make 为例

(1) We will make the airport in 20 minutes with 120 km/h.

我们将以每小时 120 千米的速度行进，20 分钟就能赶到机场。

(2) Make yourself at home.

请随意!

(3) The students wil make very good pilots for CAAC.

这些学生将成为中国民航非常出色的飞机驾驶人。

(4) I make the distance between Jiuzhaigou and Chengdu about 300 kilometers.

我估计九寨沟和成都之间的距离为 300 千米。

(5) No one is ever made to be a top student.

学习成绩优秀的学生从来就不是天生的。

(6) She made peace with him.

他们言归于好。

例 6．以 last (adj.)为例

(1) This is the last place where I expected to meet you.

怎么也没有想到会在这里碰到你。

(2) He is the last man to consult.

根本不宜找他商量。

(3) He should be the last to blame.

这么也不该责备他。

(4) He is the last person for such a job.

他最不适合做那个工作。

(5) He is the last man to do it.

他决不会干那事。

(6) He is the last man to come.

他是最后一个到的。

例 7. 以 heavy 为例

(1) heavy oil　重油

(2) heavy water 重水

(3) heavy news　令人忧愁的消息

(4) a heavy smoker　烟抽得很厉害的人

(5) a heavy crop　大丰收

(6) heavy traffic　交通拥挤

(7) heavy industry　重工业

(8) a heavy heart　沉重的心情

(9) a heavy blow　沉重的打击

(10) a heavy sea　波涛汹涌的大海

(11) a heavy rain　大雨

(12) heavy food　难以消化的事物

(13) a heavy book　一本乏味的书

2. 汉英中的词语搭配

例 8. 以“上”为例

(1) 上当 to be taken in

(2) 上班 to go to work；to be on duty

(3) 上火　to get angry

(4) 上演　to perform

(5) 上台　to come to power

(6) 上马　to mount a horse

(7) 上轨道　to get on the right track

(8) 上访　to apply for an audience with the higher authorities to appeal for help

(9) 上场　to appear on the stage

(10) 上刑　to put sb. to torture

(11) 上任　to take up an official post

(12) 上路　to set out on a journey

(13) 上钩　to rise to the bait

(14) 上吊　to hang oneself

(15) 上阵　to go into battle

(16) 上照　to come out well in a photo

(17) 上年纪　to be getting on in years

(18) 上课　to attend class

(19) 上告　to complain to the higher authorities or appeal to a higher court

(20) 上灯　to light the lamp

(21) 上报　to appear in the newspaper

(22) 上瘾　to be addicted to sth.

(23) 上门　to visit；to shut the door

例 9．以“发”为例

(1) 发货 send out goods

(2) 发家 build up a family

(3) 发奖　aura prizes

(4) 发难　launch an attack

(5) 发烧　have a fever

(6) 发作 show effect

(7) 发问 raise a question

(8) 发球 serve a ball

(9) 发脾气 lose one's temper

(10) 发落 deal with

(11) 发慌 feel nervous

(12) 发光 give out light

(13) 发福 sorer stout

(14) 发车 dispatch a car

(15) 发汗 inductee perspiration

(16) 发财 make a fortune

(17) 发电 generate electricity

(18) 发白 turn white

例 10．以“创造”为例

(1) 电脑的普及为网络走进千家万户创造了条件。

The popularization of computer has paved the way for network's entry into average families.

(2) 人类自创造音乐的那一刻起，就开始了音乐的传播。

The spread of music began the moment that mankind created it.

(3) 他再没有创造出超过他处女作的作品。

He had never improved on his first book.

(4) 我们的民族将以勇敢勤劳的姿态工作，创造着自己的文明和幸福。

From now on，our nation will working courageously land industriously to bring about its own civilization and well-being.

例 11．以 play 为例

(1) It is an old played style.

这是一种古老的表演形式。

(2) The little boy played well.

这个小男孩表演得很精彩。

(3) We watched an excellent play.

我们观看了一场精彩的演奏。

例 12．以 fight 为例

(1) It was frightfully dangerous.

这真危险可怕。

(2) It was a frightful storm.

那是多么可怕的暴风雨。

(3) She got a fright.

她着实吓了一跳。

(4) The noise frightened me.

那个声音把我吓坏了。

例 13．以 down 为例

(1) We will share ups and downs with you.

我们将和你同甘共苦，风雨同舟。

(2) They downed three enemy's planes.

他们击落了三架敌人的飞机。

(3) He walked down the street.

他沿街走去。

(4) She will come down and see you.

她就会下楼来见你。

(5) He is not down yet.

他还没有下楼呢。

2.3.8　一词多义

在汉英互译中，一词多义的现象普遍存在。在现代英语中，大部分的词语都是一词多义，有些词语有两到三种不同的含义，甚至更多的含义。所以在翻译的过程中，一定要先弄清楚这些词语在不同句子和场景中的含义，这样才能确保该句子的正确表达。一起来看一些例子。

例 1．The power of his vision is becoming worse nowadays.

他的视力最近越来越差。

例 2. Although China has a few nuclear weapons，she will never join the so-called club of nuclear powers.

中国拥有核武器，但是中国绝不参加所谓的核大国的俱乐部。

例 3．I will do everything within my power to help you about your English study for we are devoted friends.

我一定竭尽全力帮助你学习英语，要不然还能叫铁哥们吗？

例 4．The press can hardly be a great power when it is owned by the state.

报纸一旦为国家所有几乎就不可能拥有很大的影响。

例 5．the police have the power to detain offenders.

警察有拘留凡人的权利。

例 6．The Communist Party of China is the party in power.

中国共产党是中国的执政党。

例 7．In our class there are many students of varied powers.

我们班里有许多同学都多才多艺。

例 8. At first，the parents exposed the children to playing the piano，tinkering with scientific games or hitting a tennis ball，but it was just for fun.

首先，家长们让孩子们有机会弹弹钢琴，玩玩激发科技兴趣的游戏，或者打打网球，但这仅仅是好玩而已。

例 9．Her youth and beauty will expose her to many dangers.

她的青春靓丽会给她招惹很多危险。

例 10．Children are advised to expose their skin to the sun frequently.

孩子们的皮肤应该多多接触阳光。

例 11. She is a stewardess who has been exposed to passengers for some 27 years.

她是一名空中乘务员，跟游客打交道的时间有 27 年左右。

例 12．She exposed the plot to the police.

她把那个阴谋通报给了警方。

例 13．You are exposing your children to possible dangers by letting them play in the swimming pool.

你让孩子们在游泳池里玩耍是很危险的。

例 14．His fatness exposed him to a lot of joking at the office.

他太胖了，经常遭到办公室的人取笑。

例 15．Don't expose your sensitive skin to direct sunlight.

不能使你敏感的皮肤直接暴晒于阳光之下。

例 16．The mistake you made must be exposed without any reserve.

一定要把你所犯的错误毫无保留的指出来。

例 17．I threatened to expose him to the police.

我威胁要向警察告发他。

例 18．Beat up the drum.

敲这个鼓。

例 19．To whip an egg is to beat it up in a basin with a fork or machine.

搅鸡蛋就是用叉子或是机器在盆里搅拌它。

例 20. Unlike almost all white politicians of any generation，Clinton gets the beat consistently right.

与几乎任何一代的白人政治家不同，克林顿总能听准音乐的节奏。

例 21．He was called in for an interrogation in which they verbally beat the hell out of him.

他被叫进去调查了一番。在调查中他受到了十分粗暴的待遇。

例 22．We must beat out the sense of every phrasal verb.

我们必须弄懂每一个短语动词的含义。

例 23．The boys beat lily until she said uncle.

这些男孩殴打丽丽，一直到她投降为止。

例 24．The metronome vibrated the beat.

那节拍器摆动着显示节拍。

例 25．His daughter has developed into a beautiful woman.

他女儿出落得亭亭玉立。

例 26．It is said that land animals have developed from sea animals.

陆地上的动物被认为是由海洋动物进化而来的。

例 27．My car can only develop 65 horsepower.

我的车只有 65 马力的功率。

例 28．He has Being developed his business quite successfully.

他经商非常出色。

例 29．Don't let your children develop a tendency to an easy life.

别让你的孩子养成好逸恶劳的习惯。

例 30．He seems to be developing an illness.

他好像得了病。

例 31．These photographs haven't developed very well.

这些照片冲洗得不理想。

例 32．We must develop all the natural substances in our country which can make us rich.

我们必须开发利用能使我们致富的所有自然资源。

例 33. Nowadays people all over the world know that sports can develop mind and body.

现在全世界人民都知道运动有益于身心发展。

例 34．This cream will make your skin soft.

这种润肤霜会使你的肌肤润滑。

例 35．Her bedroom has a soft color.

她房间的色彩很柔和。

例 36．She speaks in a very soft voice．

她说话声音很柔和。

例 37．Our English teacher has got soft eyes and a soft heart．

我们英语老师眼神柔和，心地善良。

例 38．The government is soft on terrorism．

政府对于恐怖活动态度懦弱。

例 39．The new building is actually a soft above ground launching site．

这一新建筑实际上是一个无坚固掩体的地面发射基地。

例 40．At this stage，there is only soft intelligence about the enemy intention．We should not shoot him from the hips．

目前关于敌人的意图我们还没有充分的情报，我们不能鲁莽行动。

例 41．The reporters who didn't attend the meeting broke the story．

那些没有参加会议的记者把内情给传了出去。

例 42．The story about him became smaller and gradually disappeared from the television．

关于他的报道减少了之后，他逐渐从电视中消失了。

例 43．His story of the accident is different from his wife's．

他对这次车祸的描述与他妻子的说法不同。

例 44．The final examination has become the most important story of this term．

期末考试成为了一个学期中最重大的事件。

例 45．His story is one of the saddest．

他的遭遇算是最惨的了。

例 46．It is much easier to run into debt than to get out of it．

欠债容易还债难。

例 47．There is not enough memory to run thee Spelling Checker tool．

没有足够的内存来运行“拼写检查程序”工具。

例 48．My car battery has run out．We had to walk home．

由于我的汽车电池已经没电了，我们不得不散步回家。

例 49．The sheep ran home and brought scissors，a needle and thread．

最小的山羊跑回家，拿来了剪刀和针线。

例 50．The local steelworks is being run down and is likely to close within three years．

当地的这家钢铁厂越来越不景气，有可能在三年内关闭。

例 51．And this is the way it always is with human joy：Ten thousand things run for ever like water toward the east．

世间行乐亦如此，古来万事东流水。

例 52．To lift sanctions now would be to run the risk of aborting the process towards the complete eradication of apartheid．

如果现在接触制裁，彻底消灭种族隔离的进程就会有夭折的危险。

例 53．He wants to run for President．

他想要竞选总统。

2.3.9 增词法和减词法的具体运用

在翻译中，我们经常会使用增词法和减词法。所谓增词法，指的就是在忠实原文的基础上而做的适当的修改。我们不能随意地更改句子，不能随意地删减，而应有一定的依据。换句话说，增词法或减词法，它指的是在准确理解了原文的基础上，按照它的原意，依据一定的语法和句型结构，根据修辞上的需要或多或少地来增加或减少一些内容。其目的是使原文表达得更加顺畅和地道。

汉英这两种不同的文体之间本身就存在很大的差异，再加之一些文化差异，所以在翻译时更加要注意词汇的增减。举个例子，比如在英文中，我们使用介词的频率很高，几乎每个句子都会涉及介词的使用。但是这些介词要是准确地翻译成汉语的话，就比较困难了。还有就是，英文中使用频率很高的冠词，我们汉语中几乎没有，所以如果按照字面意思，硬生生地把它对应成汉语，翻译出来的文字是很难被理解的。总而言之，英文中虚词(冠词、介词、代词)的翻译经常会使用到增词法和减词法。这是因为虚词在英文中使用的比较多，而相反在汉语中相对而言就要少很多。在汉语中，对于这类问题的解决一般是要借助次序、逻辑关系等来表达，一般使用的比较少。所以在翻译时，千万不要把英文中的这些虚词生搬硬套地对应成汉语。我们应该根据汉语语言的实际表达和习惯用法，在不影响原文的前提下，适当地增加一些汉语的词语，把英语中某些仅仅为了语法上的需要所存在的词语适当地减掉，这样便可以使译文更加明确、更加简洁、更加严谨，同时也更加符合地道的语言表达方式。

词汇的增减，是根据原文上下文的意思、逻辑关系以及译文中语言句型、语法、句法的特点和表达方式，在翻译时根据需要适时地增加一些原文字面上没有但实际包含的意思，或者是在翻译时减掉一些原文字面上有但实际表达中没有的词语。词汇量的增加或减少，要有根有据，不能随意增减。

1．增词法

(1) 增加原文中省略掉的内容。

例 1．Not to borrow from others.

不要向别人借钱。

例 2．Ten years of Fraud behind him and an Oscar. He is apt to go dizzy.

研究弗洛伊德的心理学长达十年之久，还得过一次奥斯卡金像奖，他很容易昏头昏脑，忘乎所以。

例 3．The political reconstruction of the armed force has converted it into something entirely different from the old army.

政治上的改造使得这支武装力量成为了与旧军队完全不同的武装力量。

例 4．Thank you for escorting me over the snow.

感谢你送我出雪地。

例 5．The burden of the representative's remarks was that war was now certain.

这位代表所发表的言论给人们的思想负担是：战争现在肯定要爆发。

例 6．He is a complicated man—moody，with a changeable mind.

他性格非常复杂，经常变换多端、反复无常。

例 7. Three cups later，he visibly warmed up.

三杯酒下肚，他明显地激动起来。

例 8. I have to keep you at a respectful distance.

我对你只能敬而远之。

例 9. I don’t argue，I never have and never will.

我不争辩，我从来没有争辩过，我以后也绝不争辩。

例 10. Some students remain calm by resorting to wishful thinking or daydreaming.

一些人以想入非非来保持平静。

例 11. Reading makes a full man；conference a ready man；writing an exact man.

读书使人充实，讨论使人机智，写作使人严谨。

例 12. German is beyond me.

我不懂德语。

例 13. He is under fire.

他正在接受批评。

例 14. He is above me in our department.

在我们部门他是我的上司。

例 15. The crowds melted away.

人群渐渐地散开了。

例 16. Are you tired？ Not very.

你累吗？不是很累。

例 17. Do you like music？ Yes，I do.

你喜欢体育音乐吗？是的，我喜欢。

例 18. Students who fil to think about the implications of their career choices often engage I rationsalization (deceiving oneself with self-satisfying but incorrect explanation for one’s behavior) or procrastination (putting off or delaying).

有一些考生不考虑职业的抉择可能会产生的影响，往往采取自以为是(对自己的行为会感到满意但却是错误的解释，这是自欺和拖延)的态度。

(2) 增加意义上或修辞上需要的部分。

1) 增加名词复数的词语。在中英文中，名词复数的表达是完全不同的。在英文中，我们通过一些变形，一般是在词尾加 s 或 es。我们从它的形式就可以判断出该词语的单复数。但是汉语却完全不同，我们从形式上无法判断，一般也无需翻译出来。如果遇到需要翻译出确切的复数含义，一般情况下，是在该名词的后面加上一个“们”，或者在这些词的前面加上一些修饰成分，比如：这些、那些、诸位等等。在将英文翻译成中文时，一些英文中的名词复数形式要根据其具体的情况来翻译，可以增加一些词来表达。一起来看例子。

例 1．There were many beautiful and clean houses which he had never seen before.

他以前从没见过那么多整齐漂亮的房子。

例 2．Flowers bloom all over the yard.

朵朵鲜花开满了庭院。

例 3．There are rows of new cars that I have never seen before in Hongpailou market.

在红牌楼汽车市场，停放着一排一排的新汽车，这些汽车我从前从来没有见到过。

例 4．We have to face different problems.

我们必须面对各种不同的问题。

例 5．The lion is the king of animals.

狮是万兽之王。

例 6．There is a galaxy of talented scientists and technicians in this institution of higher learning.

在这所高等学府里，科技人才济济一堂。

例 7．The very earth trembled as with the tramps of horses and murmur of angry men.

甚至连大地都跟着震动了，仿佛万马咆哮奔腾一般。

例 8．Cargo insurance is to protect the trader from losses that many dangers may cause.

货物保险会使得贸易商免受许多风险所可能造成的种种损失。

例 9．After the Game all the athletes went flying off to their own countries.

运动会之后，所有的运动员都纷纷飞回了各自的国家。

例 10．Flowers bloom all over the college all the year round.

我们的学院一年四季都是鲜花盛开。

例 11．But examining alternatives could also bring relief.

但是认真考虑一下各种可能性也有可能带来宽慰。

2) 增加表达时态和语态的词语。中文和英文表达时态的方法不同。在英文中，我们通过动词的变形从而体现时态和语态的变化。汉语中没有词形的变化，而是通过增加一些特有的助词或者是时间状语来表达。比如：我们在翻译现在进行时时，往往会用一些表示现在正在进行和发生的动作的时间状语，比如：现在、此刻、看、听等等。我们在翻译一般现在时时，往往会采用一些表示经常性、习惯性动作的时间状语，比如：经常、常常、有时、每天等等。我们在翻译现在完成时时，往往会采用一些表示已经完成了的动作的时间状语，比如：已经、曾经等等。我们在翻译一般将来时时，会采用一些表示将要发生的动作的时间状语，比如：马上、将、就要等等。总之，在进行翻译时，要根据具体的情况来增加词汇进行表达。一起来看例子。

例 1．I was，remain，thankful for his help.

对于他的帮助，我过去很感激，现在仍然很感激。

例 2．I had known two great men in our country.

很久以前，我就认识我们国家的这两位杰出的人物。

例 3．We，were，are and always will be trying our best to improve our oral English.

我们过去、现在和未来都在尽一切努力提高口语。

例4．It must be admitted that right-minded people will back up a right policy.

必须承认有公正思想的人支持的政策。

例5．It would be astonishing if that failure of the English exam were not keenly felt，for it would decide who would be sent to be trained abroad.

假如学生们不能体会到这次英语考试的失败所带来的影响，那倒是真奇怪了，因为这次考试将会决定哪些学生会被送往国外培训。

例6．It must be pointed out that his failure in the final examination bowled him over.

必须指出的是他期末考试的失败使得他精神沮丧，萎靡不振。

例7．It will be seen that your composition bristles with grammatical mistakes.

由此可以看出你的作文中存在着很多语法错误。

例8．I myself was practically raised in the countryside not far from here.

我本人是在附近乡下长大的。

例9．Our application for the sum of money will first be examined by a special committee.

我们对这一笔钱的申请必须先由一个特别委员会研究。

例10. It may be said without feat of exaggeration that many foreign merchants are not slow to cash in on the current China craze after China becomes a member of WTO.

可以毫不夸张地说，中国成为世界贸易组织的成员后，很多外国商人都急于在流行的中国热中捞一把。

例11．It is said that he has left for the United States.

据说他已经去了美国。

例12．President Bush can not be deterred from his plan of attacking Iraq.

没有人能够组织布什总统实施进攻伊拉克的计划。

例13．A large sum of money has been put aside for the rebuilding of the World Trade Tower.

美国政府已经为重建世贸大厦准备了大笔的款项。

例 14．It is hoped that the check can be cashed immediately.

希望这张支票能够马上兑换成现款。

例 15. Many student pilots of our college were trained in USA，Australia，German and The Great Britain.

我们学院的很多飞行学员都曾经在美国、澳大利亚、德国和英国培训过。

例 16．The sense of inferiority that I acquired in my youth has never been totally eradicated.

我在青年时代曾经有的自卑感到现在还没有完全地消除。

例 17．The decision of giving up smoking is not taken lightly.

戒烟的决定不是轻易可以做出来的。

2．减词法

所谓减词法，指的是英文原文中存在而在汉语译文中不出现的一些词语。这并没有更改原文，而是在忠实原文的前提下，根据一定的法则所做出的删减。中文和英文这两种不同的语言存在很大的差异。比如，我们在英文中使用介词的频率很高，几乎每个句子都会涉及介词的使用，但是要把这些介词准确地翻译成汉语，就比较困难了。再比如，英文中使用频率很高的冠词，我们汉语中几乎没有，所以如果按照字面意思硬生生地把它对应成汉语，翻译出来的文字是很难被理解的。总而言之，英文中虚词(冠词、介词、代词)的翻译经常会使用到增词法和减词法。因为虚词在英文中使用的比较多，而相反在汉语中相对而言就要少很多。在汉语中，对于这类问题的解决一般是要借助次序、逻辑关系等来表达，一般使用的比较少。所以在翻译时，千万不要把英文中的这些虚词生搬硬套地对应成汉语。我们应该根据汉语语言的实际表达和习惯用法，在不影响原文的前提下，适当地增加一些汉语的词语，把英语中某些仅仅为了语法上的需要所存在的词语适当地减掉，这样便可以使译文更加明确、更加简洁、更加严谨，同时也更加符合地道的语言表达方式。一起来看一些例子。

(1) 介词的省略。

例 1．The books written by him are excellent in content.

他写的书内容丰富，非常棒。

例 2．It is greatly shocked that the murder has been committed in broad daylight.

令人极度震惊的是这次凶杀案竟然发生在光天化日之下。

例 3．The topic for discussion today is“How to improve our listening comprehension？”

今天的讨论题目是：“如何提高我们的听力水平？”

例 4．At present，we hear complaints here and there.

此刻，我们听到了很多的埋怨声。

例 5．Laughters have already spread along the streets.

街上到处遍布着的都是欢声笑语。

例 6．Many of my colleagues are in on the dictionary.

我的许多同事都参与编写了这本字典。

例 7．Smoking is strictly forbidden in our office.　That is why you have seen many notices　“No smoking”everywhere.

我们办公室严禁吸烟。这就是你到处都看到很多“不准吸烟”告示的原因。

例 8．That country declared that it was in the interest of world peace that she sent her troops into a neighboring country. In fact，she was invading another country's territory.

那个国家宣称她派遣军队进入邻国是为了世界和平，实际上，她是在侵略邻国的领土。

例 9．From my point of view，the English preposition from an important art of the English language.

我认为，英语介词是构成英语的一个重要的部分。

例 10．The country is acting from necessity against terrorism.

这个国家是迫于需要而采取行动，反对恐怖主义。

例 11．I am greatly concerned about my students'　attitudes toward their studies.

我非常关注学生们对待学习的态度。

例 12．It is natural of a dog to bite a man，but it is unnatural for a man to bite a dog.

狗咬人是非常正常的事情，而人咬狗就是新鲜事了。

例 13．Four hundred and eighteen passengers were in the plane．While the plane was on fire，the air stewardess remained inside the cabin to help women and their children to get out.

当时飞机上共有乘客 418 名。当飞机起火时，那位空中女乘务员一直留在客舱内帮助机上的妇女和她们的孩子逃离飞机。

例 14．That girl looks wonderfully pretty with the breeze in her hair.

威风吹拂着她的头发，那个女孩看起来真的很漂亮。

(2) 省略连词。

例 1．Try and do it.

试着做。

例 2．Wait and see.

等等看。

例 3．It is time for us to go.

我们该走了。

例 4．You must preserve，otherwise you will fail.

你必须坚持，否则就要失败了。

例 5．If I had left，I would not have attended the meeting.

早知可以离开，我就不参加这个会议了。

例 6．He learnt English for three years，and later he went to join the army.

他学了三年英语后，就去参军了。

例 7．Taking about China's economy，we want both high speed and over all balance.

谈到中国的经济，我们既要高速度，又要综合平衡。

例 8．The book was so popular that it ran into three editions in two years.

那本书非常受欢迎，两年内印刷出版了 3 次。

例 9．Please remind me tomorrow lest I should miss the appointment.

明天请提醒一下我，以免失约。

例 10．This is better than I expected.

这比我预料的还要好。

例 11．I asked her whether she recognized me.

我问她是否认得我。

例 12．It rained heavily last night.

昨晚雨下的很大。

例 13．I knew the it was going to rain as I had seen the black clouds.

我看到了乌云密布，知道火车马上就要下雨了。

例 14．No matter how capable you are，you should never be conceited.

无论你有多么能干，都不要骄傲自大。

例 15．Because of the expensive gas，we didn't use our car very often.

汽车的油价非常之高，我们平时很少用车。

例 16．She asked me to stay，for she had something to tell me.

她请我留下，因为她有事要告诉我。

(3) 省略代词。

例 1．We live and learn.

活到老，学到老。

例 2．Your uncle has become a high-ranking official．What of it?

你叔叔做了大官了。那有什么了不起。

例 3．The general manager said he might be late.

总经理说他可能会来的晚些。

例 4．She felt the flowers on her face，in her hands，growing in her breast.

她觉得脸上和手上都布满了花，胸中也是花。

例 5．If anyone fails in the examination，he will have to repeat the course of study next term，that is that.

要是有人考试不及格，那下学期只好留级，就是那样。

例 6．The automobile industry of China is developing at its top speed within these 4 years.

中国的汽车制造业在这四年里正以极快的速度发展着。

例 7．Even though the doctor suggested having a rest，he knew that this in itself doesn't work without a peaceful mind.

虽然医生建议休息，他自己也明白仅仅休息本身是不起作用的，假如心情不平静，也是不行的。

例 8．The causes of the death of Mi Weijian—the former general manager of the group—were overwork and injustice and injury done to him and what not.

该集团前总经理米威建之死是由于劳累过度，受到伤害，还有其他的原因。

例 9．When a wonderful football team found itself without a leader，he kept it going.

当一支优秀的足球队发现自己没有领导者时，他使它继续维持下去。

(4) 省略动词。

例 1．I am told that your wife has become a famous film actress in China.

我听说你太太已经成为了中国的著名影星。

例 2．If you have any difficulty with any word，go to the dictionary.

如果你感到很难弄懂一个词时，就去查字典。

例 3．He is full of vigor，but fails in carelessness.

他精力充沛，干劲十足，可是不够细心。

例 4．Whenever you don't feel yourself，you had better go to the doctor.

当你感到身体不舒服时，最好去看医生。

例 5. There was no snow，the leaves were gone from the trees，the grass was dead.

仍然没有下雪了，但叶子已经落了，草也已经枯死了。

例6．He said he would help me out but he went back on his words．

他说他会帮助我的，可是他却食言了。

例7．He often compares himself to a dragon stranding in the shallow water．

他总是把自己比作浅水里的蛟龙。

例8．What will the children be like if their father dies in the future？

要是有一天他们的父亲不在人世间了，这些孩子将会有什么样的遭遇呢？

例9．Blow me if it isn't snowing．

一定是下雪了。

例10．Catch me stealing again．

我绝不再偷东西了。

例11．We had a dry winter last year，its humidity is very low．

去年冬天气候干燥，湿度非常低。

例12．What has become of your daughter studying in England？

你女儿子英国学习，她近况如何？

例13．I had to queue up and wait for ages in front of the counter before I could get attended to，and when I asked for the thing I wanted，I was told that it had been sold out．

我在柜台前排队等了很长时间才有人过来招呼我。当我要买东西时，他们说东西卖完了。

例14．He must have got out of bed on the wrong side this morning．

他一定是心情不好，一大早对别人大喊大叫。

例15．We should try to get hold of some people to help us with this program．

我们应该找几个人来帮忙完成这个程序。

例16．In about two years I have fitted myself to Sichuan，the rhythm of its seasons，the mood of its people．

两年左右的光景，我已经适应了四川的风土人情和四季气候，也适应了四川人的处世风格。

2.3.10 修辞格的翻译

修辞格的翻译是一个非常棘手的问题，通过学习和研究，我们得知修辞格的翻译可以划分为以下三种：可译、难译和不能译。我们对于任何一种修辞格都要采取一定的处理方法，尽可能地把修辞美传递给读者。

(1) 直译法。

对于可译的修辞格，尽可能地直译。一起来看例子。

1) 明喻(simile)。

例 1．He drove as if possessed by the devil.

他着魔似地驾车狂奔。

例 2．She sat like patience on a monument，smiling at grief.

她坐在纪念碑上，像个木偶人，对悲哀一笑置之。

例 3．她的脸色苍白而带光泽，仿佛大理石似的；一双眼睛又黑又大，在暗淡的囚房中，宝石似的闪着晶莹的光。(杨沫：《青春之歌》)

Her face was pale and yet add lustrous as marble，and her large，black eyes sparkled like jewels in that murky cell.

例 4．刘玉翠回到村里，就好比是住进了监牢里。

Having returned to the village，Liu Yucui felt as if she had got into prison.

例 5．as…as…

as bold as a lion 像狮子一样勇猛

as cheerful as a lark 像云雀一样快活

as blind as a bat 瞎的像蝙蝠

as cool as a cucumber 非常冷静

as sharp as a needle 十分精明

as sure as a gun 一点不错

as tight as a drum 非常不肯花钱

2) 夸张(hyperbole)。

例 1．我从乡下跑到了京城里，一转眼已经六年了。(鲁迅《一件小事》)

Six years have passed by in a twinkle since I came to the capital city from the countryside.

例 2．突然，在我们头顶五六丈的上空，发出一声可怕的霹雳，闪电像利剑一样直插下来，天空被彻底吹裂了，震碎了。

All of a sudden，there came a terrible thunderclap about fifty feet directly above our heads，and a bolt thrust downward like a sharp sword．The sky was brought into pieces．

例 3．He ran down the avenue，making a noise like ten horses at a gallop．

他在林荫道上跑着，发出的声音就像十匹马在奔跑。

例 4．She is the prettiest girl in the world．

她是世界上最漂亮的姑娘。

3) 拟人(personification)。这一修辞格就是把人以外的没有生命的东西当成人来描写，并且赋予它人所具备的感情和行为动作。

例 1．How soon hath Time，the subtle thief of youth，stolen on his wing my three and twentieth year!

时间，这个盗窃青春的狡猾的小偷，盗窃了我 23 年!

例 2．"Don't talk to me about no opportunity any more．Opportunity's knocking down every door in the country，trying to get in．When I was young，a man had to go out and find opportunity and drag it home by the ears．"

"休说什么机会难逢。机会正在国内每家每户敲门，想要进去呢。我年轻那会儿，人们得出门去寻找机会，揪着耳朵把它拖回来。"

例 3．每条岭都是那么温柔，虽然下自山脚，上至岭顶，长满了珍贵的林木，可是谁也不孤峰突起，盛气凌人。(老舍：《小花朵集》)

All the ridges were so amiable．None of them stood above the others with arrogance，though their slopes were fully covered with precious trees．

例 4．群山肃立，江河挥泪，辽阔的祖国大地沉浸在巨大的悲痛之中。(《敬爱的周恩来总理永垂不朽》电影解说词)

The mountains are standing in solemn silence；the rivers are shedding bitter tears；our vast motherland is soaked in enormous grief.

4) 暗喻(metaphor)。无论是在汉语还是英语中，暗喻指的都是不露痕迹的比喻。常用的比喻词有：是、变成、成为、当作等等。在英语中，常用的比喻词有：become，be 等等。暗喻在翻译中一般也可采用直译的方法。一起来看下面的例子。

例 1．After that long talk，Jim became the sun in her heart.

那次长谈之后，吉姆成了她心中的太阳。

例 2．Jane’s uncle is an old fox，up to all kinds of evils.

简的叔叔是个老狐狸，什么坏事都干得出来。

例 3．何等动人的一页又一页篇章！这是人类思维的花朵。(徐迟：《哥德巴赫猜想》)

What inspiring chapters! They are the flowers of thee human brainwork.

例 4．霎时间，东西长安街成了喧腾的大海。(袁鹰：《十月长安街》)

At once，the Eastern and Western Chang’an Roads became roaring oceans.

5) 省略(ellipsis)。在口语和非正式语体中，经常会出现省略这一修辞格。英语和汉语中的省略用法基本相同，一般可以采用直译的方法。一起来看下面的例子。

例 1．They smiled，shook hands，parted.

他们微微一笑，相互握手，分手告别。

例 2．He has provided the poor with jobs，with opportunity，with self-respect.

他给穷人提供工作，提供了机会，提供了自尊。

例 3．“When did he say this？”

“At the playground．And walking home．Yesterday.”

(=“He said this at the playground when he was waling home yesterday.”)

他什么时候说这话的？”

“在广场上。昨天回家的路上。”

例 4．“What was her name？”I said.

"Tutt." he said．(=Her name was Tutts．)

"她当时叫什么名字？"

"塔茨，"他说。(她的名字叫塔茨。)

例 5．得到母亲去世的消息，我很悲痛。(得到=我得到)(朱德：《母亲的回忆》)

On hearing of my mother's death，I was caught in a tremendous grief． (on hearing of =as soon as I heard of)

6) 反语(irony)。反语就是通过使用与本意完全相反的词句来表达本意，明显含有嘲弄讽刺的意思，从而使得本意更加突出。对于反语这一修辞格采用直译的方法进行翻译，更加能够保留住原文嘲弄的修辞效果。一起来看下面的例子。

例 1．What a noble illustration of thee tender laws of his favoured country!—they let the paupers go to sleep! (Charles Dickens)

以此说明他那行善的国家的仁慈法律是多么有意义的例证！——他们竟然允许穷人睡觉。

例 2．"The boy has broken another glass." said the mother．

"A fine thing!" the father replied．

母亲："这个小家伙又打碎了一个杯子。"

父亲回答道："好得很！"

7) 排比(parallelism)。在汉语中，为了达到一定的渲染效果，连着使用相同的或相似的句子或词组，把它称为排比的修辞格，在英文中，称它为 parallelism。排比要求三项或三项以上，字数不限，允许出现同形的词语。一般也采用直译的方法来翻译。一起来看下面的例子。

例 1．We can gain knowledge，by reading，by reflection，by observation or by practice．

求知门径多，或阅读，或思考，或观察，或实践。

例 2．I came，I saw，I conquered．

我只身前往，我明察秋毫，我旗开得胜。

例 3．We laughed，we sang，we danced．

我们纵情欢笑，我们放声歌唱，我们翩翩起舞。

例 4. The seed you sow，another reaps；

The wealth you find，another keeps；

Thee robes you weave，another wears；

The arms you forge，another bears.

(Shelley)

你播撒的种子，别人收；

你发现的财富，别人留；

你编织的衣裳，别人穿；

你铸造的武器，别人用。

例 5. 延安的歌声是黑夜的火把，雪天的煤炭，大旱的甘霖。(吴伯萧:《歌声》)

Songs of Yan'an are torches in the dark night,

Charcoal fire in the snowy weather,

And timely rainfall in a severe drought.

8) 反问(Rhetoric question)。在汉语中，为了加强语气，有意向读者或听者从反面提出不答自明，答在其问题中，叫作反问。在英语中，我们称它为 Rhetoric question。对于这个修辞格，我们可以直译。一起来看下面的例子。

例 1. Then who will cheer my bonny bride?

When they have slain her lover? (Thomas Campbell)

杀了这漂亮新娘的爱人，

还有谁能使她欢愉？

例 2. Oh，if you felt the pain I feel!

But Oh，who ever felt as I? (W. S. Landor)

啊，要是你能体会这痛苦！

唉，可谁的感觉像我一样？

例 3. 醉卧沙场君莫笑，古来征战几人回？(王翰：《凉州词》)

Don't laugh if we lay drunken on the battleground!

How many warriors since old days came back safe and sound?

9) 设问(Question and Answer)。设问就是明知故问，在英语和汉语中基本一样。这个修辞格明知故问，自问自答，从而来加强语气，起到引人注意的效果。设问是可以用直译的方法来翻译的。一起来看下面的例子。

例 1．Why，having won her，do I woo?

Because her spirit's vestal grace

Provokes me always to pursue，

But，spirit-like，eludes embrace．(C．Patmore)

既已赢得她，为何还求爱？

因为她心灵的贞静、美好

总引得我把她追求，

但是，又像个精灵，总回避拥抱。

10) 谲辞(White lie)。在汉语中，用来掩饰真情的假话叫谲辞，英语中称它为 white lie．翻译时可以采用直译的方法。一起来看下面的例子。

例 1. A young girl entered a hospital to see her boyfriend. She walked boldly up to a woman whom she took to be a nurse there．“May I see Mr Jackson，please？” she said politely.

“Certainly，” said thee woman．“By the way，may I ask who you are？”

“I am his sister，” calmly replied the girl.

“Well，well!” chuckled the woman．“I am so glad to meet you，honey．I am his mother.”

一位年轻的姑娘走进医院探望男朋友。有一位妇女在那里，姑娘以为她是医院里的护士，壮着胆子走上前去。姑娘彬彬有礼地问：“请问，我可以探望杰克逊先生吗？”

妇女回答说：“当然可以了，顺便问一声，你是什么人？”

姑娘镇定地说：“我是他的妹妹。”

妇女轻轻地笑着说：“呵呵，好乖乖，我真高兴看到你哪。我是他的妈妈呀。”

例 2. A lad got on a bus to travel up to the West End. He offered the conductor 2 pence. “You can not travel for 2 pence if you are over 14,” said the conductor.

“That’s right, mate,” said the boy. “I am only 13.”

“oh, yes? And when will you be 14?”

“As soon as I get off the bus.”

(300 Western Humorous Stories)

一个男孩走上了公共汽车，到伦敦市西区去。他拿出两个便士向售票员买票。售票员说：“如果你超过了十四岁，就不能只花两个便士乘车了。”

男孩说：“对了，我才十三岁呢。”

售票员问：“哦，是吗，那你什么时候才十四岁呢？”

男孩回答说：“一下车就是了。”

例 3. 我是绝不能到他家里吃这顿饭。如果是在从前，要是我遇到了这种拉拉扯扯的事，我就往老婆孩子身上扯，要么借口老婆病了，要么推说孩子发烧。反正老婆孩子跟着倒霉。今天晚上说的不重了是推不掉的，于是我狠了狠心就对骆副厂长说：“哎呀，不凑巧，我那个小不点得了肺炎，下班后我得赶紧回家送他上医院。”(《小说月报》)

Definitely, I would not go to his home to have the dinner. When I got such insistent invitations previously, I would cook up a pretext, either to say that my wife was ill, or that my child was running a high fever. Anyway, my wife and child would have the lousy luck. It seemed that a minor excuse would not help me this time. Plucking up my courage, I said to Deputy Director Luo, “As luck would have it, my little boy is suffering from pneumonia today, so I have to hurry back home after going off work to send him to the hospital.”

(2) 意译法。

对于难译的修辞格，不能使用直译的方法来翻译。因为两种不同语言存在着很大的差距，它们的语法、语音、语言形式或文化背景都不为读者所熟悉，所以很多情况下，我们需要仔细琢磨，仔细加工，采用意译的方法进行翻译。这样这些难译的修辞格也就得到了解决。我们一起来看下面的例子。

1) 双关(Pun)。在汉语语言中，很多词语一词两义、一语两意或两词同音，我们利用这种语言现象来表示双重的意义。这就是双关。汉语中想要把某个词或句子译成一语双关的效果是很难的，所以直译的方法是没有办法实现的。我们往往需要通过努力，仔细研究，弄懂了词语原始的含义，才能凭借一些方法表达出原文的含义。例如下面例 2 中，就巧妙地采用了“丝”与“思”谐音，从而既表达了春蚕吐丝一意，还表达了相思之情。这就是它的巧妙之处。

例 1．When a woman complained to her butcher that his sausages tasted like meat at one end，but like bread at the other，he replied：“Madam，in times like these no butcher can make both ends meat.”

这个文章中出现的 meat 一词是谐音双关，meat 同 meet．该句子字面的意思是：把香肠的两头都填上肉。但是实际要表达的是：make both ends meet．使收支相抵。这样的修辞格，我们采用直译的方法是译不出它的双重含义的。

例 2．The professor rapped on his desk and shouted：“Gentlemen，order!”—the entire class yelled：“beer!”

这个句子的妙处在于关键词：order。这个词语一词两义，第一个含义是“安静”，在文中也是教授先生的原意。这个词的另外一个含义是“点菜”，也就是文章的幽默之处，这个含义也是全班学生故意的曲解，所以才会产生幽默的效果。这个双关语采用直译的方法是无法产生此效果的，只能通过注释来处理。

例 3．美国作家海明威的小说名为 *A Farewell to Arms* 中的 arms 一语双关，它的第一层含义是“武器”，代表着帝国主义战争，另外一个含义是“胳膊，手臂”，代表着拥抱与爱情。这个词 arm 点出了他这部作品的双重含义。这本书有两个译本，分别被译为了《永别了，武器》和《战地春梦》。

例 4．空对着，山中高士晶莹雪；

终不忘，世外仙姝寂寞林。

(曹雪芹：《红楼梦》，第五回)

原文中同样运用到了修辞格中的双关。“雪”与“林”，这两个字，字面意思是指自然事物，但实际上，作者是通过谐音，“雪”与薛宝钗的“薛”谐音，而“林”同“林黛玉”的“林”谐音。这两行诗分别描述了这两位女性的性格以及贾宝玉对她们不同的态度。由于文化的极大差异，中国读者通过这两个双关是可以理解原文的实际意义的，但是英文采用直译的方法是无法来领会和理解文中所表达的双关的含义的。下面的译文是通过添加注释，从而能使得读者明白文中要表达的双关之意。

Vainly facing the hermit in sparkling snow-clad hills

I forget not thee fairy in lone woods beyond the world.

2) 借代(Metonymy)。借代是汉语中常见的修辞格，但是采用直译的方法很难译出它的真实含义。这是因为在这个修辞格中，会出现很多家喻户晓的人名或地名，这些是中国人所知晓的，但是由于文化差异，译文的读者却无法了解。因此，在翻译时必须要作加工，做一些简短的说明和注释，从而采取意译的方法来表达出原文的真实含义。一起来看下面的例子。

例 1．He is a modern Samson.

他是现代参孙式的大力士。(Samson：参孙，《圣经》中人物，以身强力壮而著称。)

例 2．Our village Hercules has come.

我们村的大力士来了。(Hercules：海格力斯，希腊神话里的主神宙斯之子，力大无比，曾经完成了 12 项英雄事迹。)

例 3．We have enrolled every local Cicero.

我们把各地西塞罗氏的雄辩家都招来了。(Cicero：西塞罗，古罗马的雄辩家，政治家，哲学家。)

例 4．中国还有一句成语，三个臭皮匠，合成一个诸葛亮。单独的一个诸葛亮总是不完全的，总是有缺陷的。(《毛泽东选集》，第五卷)

Still another Chinese proverb says three cobblers with their wits combined equal Zhuge Liang the mastermind. Zhuge Liang by himself can never be perfect, he has his limitations.

例 5. 这对年轻夫妇并不相配，一个是西施，一个是张飞。

This young couple is not well matched, one is a XiShi—a famous Chinese beauty, while the other is a ZhangFei——a well-known ill-tempered brute.

3) 重复(Repetition)。在汉语中，为了达到某种效果，重复使用同一个语句或是词语，我们把这种表达称为重复。这种修辞格在中文和英文中都经常出现。这一修辞格的作用在于突出思想感情，分清层次脉络，增添旋律的美感，加强节奏感。一起来看下面的例子。

例 1. It was a day as fresh as grass growing up and clouds going over and butterflies coming down can make it. It was a day compounded from silences of bee and flower and ocean and land. (E. Ray Bradbury: The Vacation)

绿草微微，白云冉冉，彩蝶翩翩，这日子是如此地清新可爱。蜜蜂无言，春花不语，海波声咽，这日子是如此地安静。

例 2. A thin man in a thin overcoat watched them out of thin, emotionless eyes. (James Thurber: One Is A Wanderer)

一个骨瘦如柴、衣服单薄、双目失神的男子注视着他们。

例 3. April, April,

Laugh thy girlish laughter. (W. Watson)

四月呀四月，

笑吧，姑娘般地笑吧。

例 4. 知否，知否？应是绿肥红瘦。

(李清照：《如梦令(一)》)

Don't you know,

Don't you know?

The red should languish and the green must grow.

(3) 补救法。

在中文中，有很多不能译的修辞格，它们一般都在字形、字音、词性、词的结构、词的缩减上很有特色，但是这些特点是没有办法通过翻译传达到译文当中的。对于这些不能译的修辞格，我们需要采用不同的方法加以处理。在翻译中，对于那些如果不译就会严重影响原作的思想的修辞格，我们应该采用一些方法尽可能地进行补救。比如可以采用换格或者加上脚注等等。对于那些不译不影响作者表达的修辞格，我们可以不译。一起来看下面的例子。

1) 歇后语。

例 1. 陈白露(燃烟)：我并没有抓到潘四，是他自己愿意来，我有什么办法！

顾八奶奶(想逢迎她)：反正是一句话："王八看绿豆"，是对了眼了。(曹禺：《日出》)

BAILU(lighting a cigarette): It is not me that is hooked Pan, he comes here of his own free will, what can I do about it !

GU(making an effort to please her): Anyway, it is a case of "When Greek meets Greek."

例 2. 我那里管的上这些事来！见识又浅，嘴又笨，心又直，"人家给了个棒槌，我就拿着认针(真)了。"脸又软，搁不住人家给两句好话儿。(曹雪芹：《红楼梦》，第十六回)

I am incapable of running things. I am too ignorant, blunt and tactless, always getting hold of the wrong end of the stick. And I am so soft-hearted, anyone can get round me.

2) 头韵(Alliteration)。

例 1. Round and rough and rugged rock the ragged rascal rudely ran.

那个穿着破烂的恶棍绕着粗糙不平的岩石狂奔。

例 2. Dumb dogs are dangerous.

不叫的狗最危险。

例 3. Four fat friars fanned flickering flames.

四个肥胖的修士扇着闪烁不定的火焰。

例 4. Sarah sits by six sick city slickers.

莎拉坐在来自城里的六个生着病的狡猾骗子的身旁。

例 5．The fair breeze blew，the white foam flew．

The furrow followed free；

We were the first that ever burst—

Into that silent sea．

欢快的微风吹拂，

白色的泡沫漂浮；

丝丝细波自由而起，

我们是第一个跳进——

那安静的海水里。

例 6．英文中运用到头韵的惯用词组。

sink or swim 好歹试试看，不管是沉是浮

tit for tat 一报还一报

time and tide 时候

forgive and forget 不念旧恶

bag and baggage 连同全部财物，完全彻底地

bed and board 吃和住

safe and sound 安然无恙

fair and foul 好与坏

3) 叠字。所谓叠字，就是把同一个字或单音词接二连三地用在一起。运用叠字这一修辞格，不但能够增添声音美，调整音节，而且还能表达不同的语气、程度和感情色彩，加强语言的想象性。一起来看下面的例子。

例 1．again and again 一次又一次

more and more 越来越……

on and on 不停地，不断地

neck and neck 并驾齐驱

2.3.11　英语数词的翻译

英语和汉语在词性上相通的一点，就是都有数量词。但是数量词的多少以及

倍数的多少等方面的表达有一些不同，译者在翻译中要仔细斟酌和计算，不要出现数量上的误差，造成翻译的不准确。

(1) 数量上的“恰好”“正好”“不多不少”用 exactly，clear，whole，sharp 等来表达。

1) The excellent doctor treated exactly 20 patients on Monday.

这位优秀的医生周一正好看了 20 个病人。

2) The plane takes off at 9 o'clock sharp.

飞机正好九点整起飞。

3) The machine worked for ten whole days.

这台机器整整工作了十天的时间。

The wore measures exact 30 meters.

这根导线正好 30 米长。

Tom did his homework in exact 3 hours.

汤姆写完作业正好用了 3 小时。

(2) “大约”的翻译：英语中常用 about，some，around，nearly，towards，close to 等。

It is nearly 6 o'clock.

现在大约是六点。

The price of the new furniture is in the neighborhood of 1,000 yuan.

新家具的价格大约是 1 000 元。

According to the weatherman，the temperature will be down 6 in the next week.

根据天气预报的报道，气温在下周将下降六度。

The volume of the sun is about 1,300,000 times that of the earth.

太阳的体积大约是地球体积的 130 万倍。

(3) 形容数量及其多时的表达：英文中常用 full，at least，all of，solid，as…as 等来修饰数字，用来表达数目极大。

The book will take 5 months，at least.

这本书至少还需要花费五个月的时间。

He spent full ten hours reading the interesting book.

他花费了十个小时的时间来看这本有趣的书。

There were no less than 3,000 dead and wounded in the 9.11 terrorist attack.

在 9・11 事件中，死伤人数共达 3 000 多人。

The motor ran 500 solid days on end.

马达持续运转了足足有 500 天。

(4) 形容数量及其少时的表达：英文中常用 only，but，merely，barely，scarcely，at most，no more than，scant 等。

1) There is at most only room for one person.

至多只能容纳一个人的空间了。

2) Finishing the homework was no more than 2 hours.

写作业仅仅花费了两个小时。

3) That solar-energy car weighs only 600 kg.

这辆太阳能汽车仅仅只有公斤 600 公斤重。

(5) 倍数的表达。

1) The line is three times longer than that one.

这条线的长度是那条线的 3 倍。

2) The teacher has books as many again as I do.

这位老师的书比我的书多一倍。

3) Tom has half as many books again as Mary does.

汤姆的书比玛丽的书多一半。

4) The production went up 4,000 tons.

产量增加了 4 000 吨。

5) The production has reduced by 50%.

产量减少了 50%。

6) The production will double next year.

明年的产量将会翻倍。

7) The output has been quintupled since 1999.

自从 1999 年以来，产量已经增加了四倍。

8) The error probability of the equipment was reduced by 2.5 times through technical innovation.

通过技术改革，误差率已经减少了 3/5。

9) The enterprise management expenditure this year has decreased by three times as against that of 2006.

这个企业今年的行政管理开支比 2006 年降低了 2/3。

2.3.12 英语不定冠词的翻译

在英文中，冠词的使用频率非常高。它是虚词的一种，不能单独使用，经常和名词一起连用。一起来看不定冠词的翻译。

(1) 不定冠词表示“一”的含义。

He took a book and went into the room.

他拿着一本书走进了房间。

I bought a cup in that shop.

我在商店买了一个杯子。

She is a teacher and he is a worker.

她是一名教师而他是一个工人。

My father is a businessman.

我的爸爸是个商人。

There are a thousand people in the park.

公园里有一千人。

What a beautiful girl!

多么漂亮的女孩呀！

What an exiting story!

多么令人感到兴奋的故事呀！

What a bright star!

多么明亮的星星呀。

(2) 不定冠词表示"一类人或物"的含义。

A horse is a kind of useful animal.

马是一种有用的动物。

A bird can fly in the sky.

鸟可以在天空自由地飞翔。

A knife is a tool for cutting with.

刀子是一种用来切东西的工具。

A triangle has three angles.

三角形有三个角。

(3) 不定冠词表示"每一，每一个"的含义。

1) We have a meeting once a week.

我们每周都有一次例会。

2) We meet once a month.

我们每月都碰面。

3) We have oral English once a week.

我们每周都有一节英语口语课。

4) They marched 90 miles an hour.

他们每小时前进 90 英里。

5) He has three meals a day.

他一天吃三顿饭。

2.4　文化差异对翻译的影响

每个人的文化都与社会背景、生活方式、受教育情况、宗教信仰、政治信念、经济状况、性别、年龄、职业、爱好、性格等方面相互联系，相互影响，所以在交际过程中都会存在或多或少的差异。不同的民族由于自身文化背景各不相同，所以说话的方式和语言习惯也各不相同。

在多元文化背景下，为了能够保证跨文化交际的正常进行，必须依靠翻译进行交流。所以为了人们能够更好地在国际化大环境中进行交流，翻译就产生了。因此，翻译在此期间一方面是两种不同语言之间的转换，另一方面也成了两种文化之间的桥梁。翻译就是民族与民族之间的微观跨文化交际。翻译人员与翻译活动的出现，推进了全世界之间的跨文化交际的发展。

不同文化之间的交流、不同思想之间的碰撞均离不开语言，而翻译不是一项纯粹的语言活动，还牵涉到各种非语言因素，特别是种种文化因素。从本质上来说，翻译是在一定社会语境下发生的交际过程，是一项跨语言、跨文化的交流活动。翻译主要涉及两种语言，即将一种语言以最近似、最等值的形式转换成另外一种语言的人类社会实践活动，是一种将语言文字、语言知识、文化修养等结合起来的综合性艺术，这也是它的跨语言性。

翻译的本质是意义传达、传播的活动，即运用一种语言把另一种语言所蕴含的思想内容完整、准确地表达出来。翻译是一种跨文化交际活动，但是由于不同民族文化在对社会现象的观察上存在一定差异，且在跨文化交际中，首要问题是要特别熟悉本族的语言和文化，除此之外还要充分学习和了解对方的语言和文化，因此，造成跨文化交际的最大的一个障碍就是文化差异。

为了达到跨文化交际的目的，在翻译中译者就一定要做到将自己的文化淡化掉。所以我们在跨文化交际过程中，一定要了解不同文化之间的差异。

2.4.1 英汉文化中思维模式差异

语言和思维之间是辩证统一的关系。一方面，思维离不开作为载体的语言；另一方面，思维还支配着语言，中西方民族思维上的差异是形成各自对应语言形态特征差异的理性根源。思维方式是精神产品的生产方式，是主体在反映客体的思维过程中，定型化了的思维路线和思维方法的有机综合。文化的一个重要组成部分是人的思维模式。由于文化的不同，不同的民族在思维模式上也会存在着很大的不同。在各自漫长的发展中，由于受到了特定的历史条件和生存环境的影响和制约，中西方民族的思维模式产生了很大的差异。正是由于这种差异的产生，中西方民族对同一事物的看法以及语言表达就相应地产生了很大的不同。

有人说，如果亚里士多德会讲汉语，他就不是亚里士多德；如果孔子会讲英语，他就不会是孔子。讲不同语言的人，思维方式也完全不同。

2.4.1.1　英语思维

在西方，人们的表达方式比较直接。就拿写作来说，人们的思维方式是喜欢在文章的开头部分先表明自己的观点，进而在余下的部分围绕该中心点进行详细阐述。在文章中所进行的阐述都是紧紧围绕一个中心点而进行的，让人一目了然，主题鲜明，表述观点明确。在西方，人们在表述自己的观点时比较直接，更加倾向于开门见山，直接表达自己要说的观点、想法、态度。一些无关紧要的修饰或者辅助成分一般会放在后面来说。从历史的角度来说，这也说明在经历了文艺复兴之后，人们更加崇尚言论自由。

在英语文化中，人们的思维方式具有发达的抽象性，他们在研究问题时，总是建立各种概念体系和逻辑体系。人们也非常注重逻辑，其思维的传统就是重视实证，崇尚理性知识，英语文化下的人们形成了一种理性思维定式，认为只有经过大量实证的分析和检验得出的结论才是科学的、客观的。为了达到某种语法形式上的完整性，我们在表达时要在语言上运用有形的手段，使得它具有严格的逻辑形式，所指的概念明确，结构严谨，连接紧密，逻辑性强。

2.4.1.2　汉语思维

整体性是人们思维路线在汉文化下最鲜明的特征。在写作时，中国人大都会以总括、概括的语言作为开头。在阅读作者的文章作品时，我们经常可以发现文章中的有些信息似乎与文章中其他部分无关，作者的看法或者见解不会像西方人那样单刀直入，直接明了，而是含蓄委婉地表达或是轻描淡写地表述。

人们在思考时，总是喜欢联系其他具体事物的形象来帮助自己思考理解，并结合起来在自己的大脑中反复思考，所以汉语文化下的人们具有具体性的特点；他们习惯首先以物体的表面特征做思考，接着以此为依据进行联想。在古代文化中我们可以经常看到“虚”“实”结合、“动”“静”结合、“点”“面”结合等思维方式，我们现在依然有着这样的思维方式，常常以“虚”体现“实”，以“动”体现“静”，这种思维方式也是区别于西方人思维方式的一个重要差异。

2.4.2 英汉文化中观念差异

2.4.2.1 时间观念差异

1．西方人的时间观念

英语文化下人们的时间观念总是趋向于未来。就美国而言，它作为一个移民国家，对于其他历史悠久的国家来说，虽然只有两百多年的短暂历史，但是仅仅通过两百多年，发展迅速，科技发达，达到了发达国家的水平，这与他们的观念有很大的联系。他们讲究自由、个性解放，追求享受生活。在他们的观念中，时间一去不复返。因此，对于流逝了的时光他们不会表现出来依依不舍的留恋，他们会做的是珍惜当下，好好享受生活，更多地关注现实生活，关注未来生活。活在当下，也是他们长久以来生活的特点。在他们看来，时间是有限的，这就使美国人具有了很强的时间观念。

2．中国人的时间观念

中国人的时间观念恰好与西方人的观念相反。首先，中国的历史源远流长，文化深厚，上下五千年，中国人以此为傲，所以非常看重历史，不少人也喜欢研究中国的历史。从古代开始，人们就很注重过去，注重历史。比如说历代的帝王对于尧、舜、禹都很敬重、重视，他们都是上古时期的贤君。

中国人非常善于观察，尤其是古代人，他们总结出各种时间经验、昼夜更迭、四季更替等现象，又创造出了二十四节气，更是体现出了中国人的智慧聪颖。而因为这些现象的影响，人们逐渐有了环式的时间观，认为时间很富裕，比如今年的春天已经过去了，不必担忧，明年还有春天，后年也有，这样的时间观带给人们一种时间富裕的感受，失去的还会有时间来补救挽回。社会在进步，在发展，人们的目光更多地投向了现在，投向了未来，他们不再过多地关注过去，但是肯定的一点是，在人们的心中仍然存有“过去”的概念。

2.4.2.2　空间观念差异

中西方空间观念差异主要体现在领地意识差异。

领地意识是个人或群体争取新领域或防卫已有领域被他人侵犯的意识，源自安全需要。其强弱与需求的程度、领域的类型与占有者的个性特点等有关。空间越拥挤，需求越强烈，领地意识就越强。首先，在识别领地方面，在中国，人们习惯用一堵墙或者围栏等一些有形的物体将自己的领地与外界公共的领地相隔开来。比如高大的围墙在中国几乎随处可见。在西方国家，人们经常用篱笆、灌木丛等用来与外界相隔开，安全性虽然不高，但是外观看起来更加美观。

在占有领地方面，两者相比较而言，西方人领地占有更加强烈，人们时刻注意维护自己的领地范围，即使在自己家里也一样，十分注重保护自己的隐私，即使是与自己很亲密的人。而在中国，人们喜欢分享，如果客人来了家里，主人会非常开心地带客人参观自己的家，所以比较下来，中国人的隐私范围要比西方人小得多。

对于自己领地受侵犯时，西方人与中国人的反应也很不同。在西方国家，人们对此会非常直白，并且会直接对侵犯者表现出不满，并加以制止。比如在西方国家去别人家做客，进门时不能东张西望，进来不能随意碰玩主人家里的东西，否则主人会认为你很没有礼貌，侵犯了他的隐私，可能下回不会邀请你到他家里做客。而汉语文化下的人们在他人侵犯领地时，相对于西方人总是很温和地回应。比如在中国你去别人家里做客，你可以表现得很随意，可以随意走动走动，或者很随意地翻看桌子上的物品、书籍，等等，有时候热情的主人甚至还会拿出更多的东西让你去翻看。

2.4.2.3　价值观念差异

英语文化下的人们非常崇尚个人主义的价值观，在这样的观念下，人们更加追求自由、平等、互不侵犯、互不干扰。他们对自己的个人隐私十分注重保护，他们认为，这不仅仅是为了保护隐私，更是为了在人群中得到公平的竞争和尊重，所以他们与朋友谈话时很少涉及个人隐私方面的话题，尤其是个人身体健康，个人财产或是收入的话题。在语言表达方面，西方人更喜欢直截了当，不会拐弯抹角，他们很尊敬和肯定敢于表达自己想法的人，无论在现实生活中还是课堂上，勇于提问，敢于挑战权威，等等，或者直接拒绝朋友的邀请，他们认为这只会影响个人，不会影响到集体。英语文化下的人们，几乎都有宗教信仰，都很尊重圣母玛利亚，由于受到欧洲骑士的影响，现代的人们都很尊重女性，在社交场合当中，一般都是女士优先。比如在吃饭入座时，男士都会首先请女士入座；或者在男女握手时，女士可以不必摘掉手套，但男士一定要摘；等等。很多生活中的细节都能体现出男士对于女士的尊敬。

在汉语文化下，中国人的价值观主要体现在集体主义上，在这种价值观的指引下，人们会非常重视自己的人际关系，会主动地打招呼、问好等，这是关心别人也是尊重别人，与别人打好关系，有时候为了真诚回应，也会毫无保留地涉及自己的隐私和实际情况，这在西方人眼中，是极为反感的，并且一般不会回答涉及隐私的问题。

与西方人的价值观念相比，中国人的观念很多从老一辈流传下来，至今还留有。比如在古代，由于重男轻女的思想，导致女性地位低下，这种不平等的关系，在现代社会中还存在着，不少偏远地区、农村或者城市里老一辈的人还留存着这样的思想。但是，到了新中国成立后，随着社会的进步与发展，男女之别已经不是很明显了，人们强调男女平等，广大女性也有了很多自己发展的舞台，我们也可以经常看到各大领域有了很多女强人。

2.4.2.4 教育观念差异

自主性地尝试学习是西方教育方式的一大特征，老师首先会让学生自己探索学习，在自主学习的过程中，找到一种适合自己的学习方法，并且积累学习经验。在探索过程中，自己发现问题，并且解决问题，通过这样的方式来积累学习经验，这是他们教育的一种理念。西方教育更看重学生的创造力，培养学生对于知识的灵活应用。对于知识，老师总是简单地讲解，不会过多地干预学生的学习。学生在学习上也非常自由，有很大权利去选择适合自己的领域。在课堂上，老师和学生的关系非常平等，气氛融洽，关系紧密，这样的关系下，学生更愿意主动地去学习，而不是被动学习。学生的课余生活也很丰富，假期时老师鲜少布置作业，一般让学生去参加一些社会实践、志愿活动等等，或者去发掘和培养自己的兴趣爱好，在活动中学会一些技能。

与西方教育相比，中国教育方式更像是“灌输教育”。这种教育就是老师把自己的知识和前人的经验灌输式地告诉学生，学生更多的是“记”“背”而不是“学”。在知识内容上，学生大多是死记硬背，很少了解知识的深层意义，学习过程也是老师全程指导参与的，学生无法跳出老师给的“舒适圈”，去通过自己探究获取学习经验。这也造成了中国许多学生缺乏创造力、创造性思维。比如说数学的几何题，老师直接给出几种解题方法，学生一般就不会再去想别的解题方法，直接套用老师给的现成的思路。课后老师会布置很多作业，但是这也只是机械性的知识记忆，因此在这种方式方法下，学生们的认知能力和思维都不够活跃，自己动手能力也很差。学生们在这样的方式方法下学习，他们的综合素质能力也不高。与西方国家的学生相比，中国学生的课余生活几乎是平淡枯燥的，老师总会在各种假期布置很多作业，防止学生沉浸于玩耍而忘记所学过的知识。社会实践大多也是有老师带领，或者统一组织起来，学生对于这些活动热情度并不是很高。中国学生大多认为学习是第一要务，而在学习的空闲，才有机会去发展自己的兴趣爱好。很少有中国老师将目光放在学生的兴趣培养上，西方国家的老师则会鼓励学生发展兴趣。

翻译不仅是一种语言间的转换活动，更是一种文化之间的信息交流活动，一种语言间文化种子的传播过程。影响文化信息交流的最大因素就是文化差异，翻译既受文化的影响，同时也反映出文化。因此，翻译中不可避免地处处有文化的影子。翻译者必须正确解读英汉文化，这是正确翻译的基础和必要条件。翻译解决的不单单是不同语言之间的差异问题，更重要的是跨越了不同文化所带来的差异鸿沟。总体来说，文化差异对翻译主要是以下两方面的影响：可译性和不可译性的问题。

翻译界争议性很大的两个问题是可译问题和不可译问题，而这个关系也是相对的，并不是绝对化的。研究可译和不可译问题，对以后的实战会有很大的帮助。

关于可译性问题，我国学者刘宓庆给出了明确的解释：可译性是指双语转换中源语的可译程度。而不可译性问题，有些人持有不同的观点：他们认为有不可译词的存在，比如汉语中的成语典故、俗语、歇后语及双关语等等。

从根本上来讲，可译性问题就是指用一种语言表达出来的思想内容及深层情感是否能用另一种语言完全展现出来，而不是能不能翻译的问题。这个问题成为人们关注的焦点是源于德国著名哲学家、语言学家洪堡特(Wilhelm von Humboldt)的研究。他是最早对于可译性和不可译性问题做出系列辩论的学者，他也是从事语言哲学研究的第一人。洪堡特认为，语言具有普遍性，同时也具有特殊性。他曾这样说过："在语言中，普遍性和个别性协调得如此美妙，以至我们可以认为下面两种说法同样正确：一方面，整个人类只有一种语言；另一方面，每个人都有一种特殊的语言。"语言的普遍性决定了可译性，而语言的特殊性则决定了不可译性。对于不可译性，洪堡特清楚地介绍过："没有一种语言中的问题是与另一种的词语完全等值的，除非它们是表示很实体的东西。"因此我们可以得出一个结论，没有完全的等值翻译，因为这是不可能实现的。虽然他否定了完全的等值翻译，但是也肯定了语言翻译的可译性。这也说明了，语言翻译可译性是有限度的，并不是无限的可译。英国语言学家、翻译理论家卡特福德(Catford)在《翻译的语言学理论》一书中提出可译性是有限度的，即不可译，认为不可以包含语言的不可译与文化的不可译两种情况。美国语言学家、翻译家尤金·奈达(Eugene A. Nida)也指出，翻译是可能的，也是不可能的，这里的不可能就是指翻译的不可译性。

在中华民族漫长的历史长河中，涌现出了很多优秀的学者，他们也对翻译中存在的可译限度问题作出了一些研究和贡献。"五不翻"原则是我国唐代玄奘通过大量的实践翻译总结出的，而"五不翻"则是指"不意译"，也就是"音译"，而音译就是不可译。贺麟从"人同此心，心同此理"的心理学理念对翻译的可译性进行了论证，认为"心同理同的部分，本是人类的本质、文化的源泉，因此心同理同部分也是可以翻译的部分，可以用无限多的语言去发挥或者发表的部分。"陈康指出，一种民族的语言只能表达该民族的思想，而希望用习惯的词句传达本土从未产生过的思想，那是一件不可能的事。他们是以哲学的角度看待翻译的，透过翻译了解到翻译的根本，这也是值得我们去学习和借鉴的。

1．可译性

我们人类活在同一个世界，同一个维度，人类的认知观念和知识观念是通过同一个世界形成的，也是一个共同经验的形成过程。张岱年先生指出："共同经验是一切知识的根据，而共同经验之成立，以指示为主。指示可谓一种行为，而为言语之渊源。"人类的知识是靠代代积累得到的，它们来自于一个总的共同经验，而这些经验是语言与一些概念形成的必要基础。共同经验在语言与那些概念的形成过程中起到了引导方向的作用，即"指示"，而指示则是语言的一项重要功能，它影响着人类对外在世界的主观看法，与此同时，使用同一种语言的人也会在此类人群中产生一种在一定程度上相通的意味，也才能使得这类人群得以交流。由于在翻译过程中原文作者和译者是身处同一外在世界的两个个体，无论文化差异有多大，原文作者与译者也有着观念上的相通意味，所以也能有着类似的共同体验。语言作为一种工具，在人类在与自然抗争的过程中起到了关键性作用，语言的存在使人类中的不同人群也得以高效、便利地交流。而语言这种基本相同的功能的具备，是因为语言的创造者——人类所处的生态环境、行为目的、生产方式、经历与感受是基本相同的。世界不同民族的文化之间既存在着差异，也有共同的特点。文化融合是不同文化在交流时必然会出现的过程，这是因为不同文化之间的差异使得文化交流有了动机与必要性，正如同人与人交流的时候也会相互取长补短，而在这一过程中，各个交流的文化之间的差异也会减少，文化之间的共性也会变大，同时各个文化也得到了更多发展空间与发展动力。

2．不可译性

文化与翻译赖以生存的语言之间有着密不可分的共生关系。很多优秀的研究者都非常赞同该观点。奈达这样说过："就真正成功的翻译而言，双文化甚至比双语能力更为重要，因为词语只有在与其发挥作用的文化观念中才具有意义。"由于它们密不可分的关系，翻译过程中不可能不受到文化的影响和制约。语言差异其实就是文化差异所导致的。在一种文化中所对应的表达，在另一种文化中，即使使用间接的翻译方法也无法完整地表达出原信息，某种程度上来说就是不可译性。由于文化因素对于翻译的影响，最主要的情况便是文化词汇的空缺。对于自己的文化来说，我们非常熟悉一些词语表达的含义，甚至是引申含义都非常了解。然而，对于西方国家的人们而言，他们不了解我们国家的文化，甚至对于有些词的表达是非常陌生的，当需要进行翻译时，尤其是还要用英汉翻译，更是难以入手。比如，在汉语中的一些专有词汇，作为本国人很容易理解，然而，这些词汇在西方的文化中根本不存在，这样就产生了一种现象——“词汇空缺”。正是因为出现了词汇空缺，所以才使得我们在进行英汉翻译时非常困难。

还有一种情况就是翻译空缺。翻译空缺是指任何语言间的交际都不可能完全对等、等值。尤其是英汉之间的交流，这两种语言属于不同的语系，空缺现象则在互译中经常出现。我们可以把翻译空缺分为两种，一种是词汇的空缺，另一种是语义的空缺。对于词汇的空缺，虽然说不同语言之间都有共同的特性，但最多的还是各自的独特性和特殊性。翻译过程中总会出现表达的不对应，或者空缺，这都与译者所处的地理环境、生活环境和习惯等相关。随着社会不断地发展，科技的进步，语言也是不断发展的。例如 2019 年各种网络热词“雨女无瓜”“盘他”“好嗨哟”等等。这也成为了各国语言的词汇空缺。因此，教师在英汉翻译教学的过程中，在课堂中要尤其加强词汇空缺的渗透和学习，在教学的过程中引导学生认真理解由于词汇空缺而带来的文化差异，逐步地引导学生来解决问题。

翻译活动不仅仅是语言间的转换活动，更是文化间的交流活动。文化差异对于翻译的影响主要反映在文化误译和翻译空缺。

(1) 文化误译。在翻译中，由于受自身不同文化的影响，人们会不自觉地按照自己已有文化的概念来理解和解释其他的文化现象，由此，文化误读就产生了文化误译。一起来看以下例句。

例 1．It was a Tuesday afternoon，the landlady was cleaning the floor.

误译：那是一个星期二的下午，女地主正在扫楼梯。

正译：那是一个星期二的下午，女房东正在扫楼梯。

在英国，在出租房屋时，房东有将自己的空房间租给他人的习惯，会提前打扫房。在西方国家，称房屋的男主人为 landlord，房屋的女主人为 landlady。因此，该例中的 landlady 应译为“女房东”，而不是“女地主”。

例 2. “You chicken!” He cried, looking at Jim with anger.

误译：他生气地看着吉姆，喊道：“你是个小鸡!”

正译：他生气地看着吉姆，喊道：“你是个胆小鬼!”

在翻译该句子时，大多数中国人会将 chicken 译为“小鸡”，这是因为汉语中只有“胆小如鼠”一说，并无“胆小如鸡”的概念。事实上，在英文中，chicken 一词除了本义之外，还可用来形容那些“胆小怕事的人”“胆小鬼”，因此，该例把“You chicken!”译为“你是个胆小鬼!”特别地道，符合表达习惯。

综上所述，教师在英汉互译教学中，应该及时地引导和帮助学生，让他们不断地扩充中西方文化知识，鼓励学生多读书，增加知识。这样学生在翻译的过程中，才能够结合自身的文化知识，采用相应的技巧，从而才能翻译出地道的译文。

(2) 翻译空缺。在进行交际时，无论何种语言，它们都不可能做到完全的对等，这就是翻译中的翻译空缺。翻译空缺现象在英汉互译中体现得尤为明显，也给翻译带来了阻碍。翻译教学中，词汇方面的空缺是最常见的一种。

虽然不同语言之间都会有一些共同之处，但是也都有其自己独特的特点。而这些特性都渗透在了词汇当中，因此也就造成了我们在表达时，会产生语言之间的不对应。这些现象也都与译者所处的生活环境和社会环境有很大的关系。

比如，由生活环境不同而产生的词汇空缺。例如，中国是农业大国，大米是中国南方的主要粮食，所以汉语对不同生长阶段的大米有不同的称呼，如长在田里的叫“水稻”，脱粒的叫“大米”，煮熟的叫“米饭”。相反，在英美国家，不论是“水稻”“大米”还是“米饭”都叫 rice。

众所周知，语言一直在变化。随着历史的推进，随着科技的进步发展，新词汇不断出现，汉英互译的词汇也同样更新了。例如，1957 年 10 月第一颗人造地球卫星发射成功后就出现了 sputnik 一词，该词随即也在世界各国语言中出现了词汇空缺。1967 年 7 月，在美国宇航员登上月球后，英语中首次出现了 moon craft(月球飞船)，moon bounce(月球弹跳)，lunar soil(月壤)，lunar dust(月尘)等词，这也一度成为各国语言的词汇空缺。因此在翻译教学中，一定要注意词汇空缺现象，揣摩词汇空缺带来的文化冲突，化解矛盾，运用技巧，翻译出优秀的文章。

第 3 章　教学中常用句型的翻译教学分析

3.1　英汉语言结构的对比研究

不同的地理环境、历史文化传统、思维方式等造成了英语和汉语两种语言在叙述意见时的语言结构不同。可以这样说，英语的语言比较重视结构，而汉语则重视语意；英语的中心在前，汉语的中心在后；英语的语言结构比较抽象，汉语的语言结构比较具体；英语中以长句为主，汉语则短句较多；英语中被动句多，汉语中主动句多。

例 1. I should be glad to have a personal meeting and can furnish information if desired.

译文：如果获得单独会面的机会，我会非常高兴。如需资料，本人可随时提供。

例 2. 如果对方能提供给我们最新的资料，我方将不胜感激。

译文：We shall be delighted if you send us the newest information.

鉴于以上两种语言不同的结构表达特点，在翻译时，我们要特别注意处理好句子中的各个成分，仔细揣摩语言的特点，理解不同语言的表现形式和结构差异，既要忠实于原文又要符合译语的规范。而对于两种语言的对比研究，不仅仅是停留在语言结构层面上，还要对思维、文化等层面进行对比，这样才能更好地传达原作者的思想。

3.2　中英文互译句型的原则和技巧

翻译就是用一种语言形式把另外一种语言的内容进行重新表述。英语是印欧语系，汉语是汉藏语系。英语和汉语由于其分属于不同的语系，因此在句法以及句子结构上都存在很大差异。20 世纪 70 年代，西方学者李娜和汤普森从语言类型学的角度把英汉两种语言分为两类：汉语是话题型语言，英语是主语突显型语言。主语突显的语言指的是主谓结构的基本形式，话题型语言是句子以话题为基本单位。鉴于此，译者在翻译过程中要特别重视主语和谓语的处理方式。

3.2.1　可译性和不可译性问题

在不同语言的交流中，翻译起着桥梁的作用，而这座桥梁必须以文化为纽带，把两种语言连接到一起。在文化翻译学派，苏珊•巴斯奈特是很重要的典型代表。她认为，翻译的不可译性，不是完全可能，也不是完全不可能的。不可译性分为语言的不可译性和文化的不可译性。语言的不可译性，是指语言结构中缺省成分，在相应的目的语中找不到其对应的成分，而这种语言是原语和目的语之间的差别造成的。文化的不可译性，是指原语文本的语境，在目的语当中找不到其相对应的情景。而这两种不可译性，译者通过各种手段或者策略，可能会对其进行弥补。这样的翻译就是一个文学再创造的过程。

(1) 文化的不可译性。语言是文化的载体，而文化承载的是一个民族的信仰、思维方式、习俗、生活方式等各个方面。比如汉语中特有的饭菜名和中药名都是具有一定汉语文化特点的，而其文化载体词在英文中没有相对应的表达。

比如：“蚂蚁上树”我们就不能直译成“ants climbing the tree”。“霸王别姬”指的是项楚王告别虞姬的故事，比喻英雄末路的悲壮情形，目前较为广泛的译法是“farewell，my concubine”。这样的翻译只是书面翻译，只是说出了告别，而告别之后的文化背景却没有翻译出来。“偷鸡不成蚀把米”这句话我们一般意译为“go for wool and come home shorn”，也就是弄巧成拙的意思，这个翻译直接把字面意思背后的内容翻译了出来。如果译者只是简单地按照字面意思译为“try to steal a chicken only to end up losing the rice”，这样会让译入语读者一头雾水，真的是去偷米了么？

在对含有文化背景的材料进行翻译时，译者要充分解读文本背后的内容，把文化内涵和背景给译入语读者交代清楚。必要时可以采取意译或者加注的翻译策略。比如："我们都是一个萝卜一个坑，实在腾不出人手来。"英译时千万别找萝卜的麻烦，这里只是打比方，意思是每个人都有自己的职责，不能擅自离开，可以这样翻译："We're so busy that no one can ba spared for any other work."在一些文本里，这句谚语也会翻译为"Every pot finds its cover."。这就需要译者针对特定的上下文做适当的意译。

(2) 语音的不可译性。汉语是象形文字，是一种表形文字，而英语是表音文字。所以两种语言在互译的过程中难免会存在不可翻译的情况。

例 1：What is the flower that everyone has? ——Tulip

译文：每个人都有的花是什么？——郁金香

分析：这个字谜的含义是，每个人都有两瓣嘴唇，也就是 two lip，在语音上相当于 tulip。但是如果我们直译成中文，就体会不到字谜的意味和效果。

例 2：寸土为寺，寺旁言诗，诗曰："明月送僧回古寺。"

双木成林，林下示禁，禁云："斧斤以时入山林。"

分析：这是一首夹杂了中国汉字表形文字特点和音韵的对联。寸土=寺，寺言=诗，首尾相呼应，用了同一个汉字，而且还不断强调了每一句的关键词"寺"和"林"。在英文中，我们无法找到相对应的词和习惯表达。这样的音译在很多中国特有的对联和诗歌中都能找到，汉语的"形"和英语的"音"就无法做到对等。若要翻译，就要长篇大论，做很多注解。

(3) 修辞的不可译性。英汉两种语言在文学的创作中，都会加入修辞，比如双关、借代、押头韵、歇后等。

例 1：杨柳青青江水平，

闻郎江上唱歌声；

东边日出西边雨，

道是无晴却有晴。(刘禹锡：《竹枝词》)

译文：Between the willows green

the river flows along,

My beloved in a boat

is heard singing a song.

The west is veiled in rain

the east basks in sunshine,

My beloved is as deep in love

as the day is fine.

分析：“道是无晴却有晴”这句看似描写的天气是否晴朗，其实一语双关，“晴”即“情”，描写了男女之间的爱情。但是在英文中，没有相应的词进行对应，只好要分开用“the day is fine”和“deep in love”来表达，翻译出了含义却无法兼顾双关的表达。

例 2：He is a modern Samson.

译文：他是现代参孙式的大力士。(Samson：参孙，《圣经》中人物，以身强力大著称)

分析：以上两个例子均为借代(antonomasia)，是指不直接说出来本体事物的名称，而用和本体事物向关联的其他的事物来代替。而这些其他事物在原语中虽然家喻户晓，但是对于译语读着却不知所云。所以，对于这种修辞的翻译，译者需要加入相对应的说明。

例 3：The fair breeze blew,

the white foam flew;

The furrow followed free;

We were the first that ever burst —

Into that silent sea.

译文：欢快的微风吹拂，

白色的泡沫漂浮；

丝丝细波自由而起，

我们是第一个跳进——

那安静的海水里。

分析：在上面这个例句中，原语文本用了头韵(alliteration)，即在一句诗中，相邻的词首字母发音相同产生音韵。而在翻译的过程中，这种音韵的翻译是无法表现出来的。

例 4：他一见面是寒暄，寒暄之后说我“胖了”，说我“胖了”之后即大骂其新党。(鲁迅：《祝福》)

译文：Having exchanged some polite remarks upon meeting he observed that I was fatter，and having observed that I was fatter he launched into a violent attack on the reformists.

分析：“寒暄”“胖了”在这句话里做了两次重复，这是一种修辞，叫作顶真(anadiplosis)，就是前一句句子的结尾词是下一句句子的开头。在这个句子里不能把两次顶真的修辞都翻译出来。

例 5：Still he sought for cleanness—cleanness，that last infirmity of squeamish people.

译文：可他仍然力求干净——力求干净，这是个有洁癖的人永远摆脱不了的弱点。

分析：这句话中也用到了顶真，“cleanness”重复了两次，对应到汉语中“追求干净”也做了顶真。这个翻译处理恰当，不仅忠实于原文内容，在句子结构和修辞用法上也做到了对应。

在英汉翻译过程中，对修辞手法的翻译上，虽然有一大部分修辞是不可译的，但也有可以翻译的修辞。在翻译策略中，译者要做到尽可能直译，这样既忠实于原文，也保留了其修辞格。

3.2.2 直译和意译问题

多年来，对翻译策略中直译和意译的讨论一直争论不求。我们先看一下对两种译法的一个经典定义：

A literal translation can be defined in linguistic terms as a translation “ made on a level lower than is sufficient to convey the content unchanged while observing TL norms．”

A free translation can be defined in linguistic terms as a translation “made on a level higher than is necessary to convey the content unchanged while observing TL norm．”

也就是说，直译和意译就是两种不同的语言表达方式。在实际语言中，每一种语言文本除了其语言结构特点外，还会有特别的文化色彩、修辞手法以及词汇的选择。简言之，翻译不仅涉及形式还有内容。国内外的翻译家对直译和意译都给出了不同的定义。直译就是对原语文本在形式和内容上都能对应，力求将原文和译文做到一一对应，或者有少许的语序微调，尽量保留原文的内容和句法结构。意译就是在理解原文文本的前提下，用意译文本的语言进行再创造，使其符合译语读者的阅读习惯。

不论采取哪种翻译策略，我们的终极目标都是把原语文本的思想内容、问题风格，能够通顺地展现出来。

例 1：All the world is a stage．(Shakespeare)

译文：整个世界是个大舞台。

例 2：All roads lead to Rome．

译文：条条大路通罗马。

例 3：He is a wolf.

译文：他是个色狼。

例 4：My ex-husband hurt me deeply and I hoped he would go to the hell one day.

译文：我的前夫伤我很深，我希望他去死。

例 5：前怕狼后怕虎

译文：fear the wolf in front and the tiger behind

例 6：Now，you are extremely popular.

译文：你现在红得发紫。

在翻译的语言表达形式上，如果可以，译者要尽可能地采取直译的方法来保留原语文本中的表达形式。如果在目的语中找不到合适的相应表达，那么就需要采取意译的方法来保留原语文本的文化价值观和民族、地方特点。

3.2.3 突出主语和突出主题

主题是从语用分析层面提出的概念，它和其他信息构成了语用信息；主题是从句法语法结构方面提出的概念，它和谓语构成了句法结构。主语是动作的实施者，而主题除了是动作的实施者之外，还有可能是动作意外的其他事情。从句法层面来讲，主语就是谓语动作之前的成分，主题有可能是统辖整个句子的一个话题成分，它往往不被禁锢于一个句子中。

汉语是主题突出性语言，英语是主语突出性语言。英语中的主语可以是名词、代词、数词等词性，而且这个主语在句子构成中基本不可或缺。汉语中的主语在语法功能上和其他成分的关系不一定很密切，有时候它可以是动作的实施者也可以是动作的承受着，而且这个主语可以省略，所以我们用“主题”来指代汉语的主语更加合适。汉语主要靠意译来维系一个句子，一个意译就可以成立一个句子，跟有无主语没有关系。而英文的句式基本上都是从SV结构(主语+谓语)延伸出来的。

在英汉互译过程中，要注意区分出英语句法层面上的“主语”，同时在汉语句式中，也要提纲挈领地找出相对应英语中的“主语”。

例 1：我记忆中最深的一件事，是因为上课和同桌说话而被罚站在教室外。

译文：My deepest memory was being punished by standing out of the class for my talking with desk mate in class.

例 2：一个人在日常生活中应该谦卑退让，但在文学创作中，必须颐指气使，独断专行。

译文：Humility and compromise are ideal in one’s daily life，but in literary creation，supreme self-confidence and the need to follow one’s own instincts are essential.

例 3：前面所提到的到英国做交换生，仅仅是我人生的一个小的阶段。

译文：My experience of going to the UK as an exchange student was but one short stage in my life.

在例 1 中，汉语里讲的话题是“一件事”，对应到相应的英文中主语就是“记忆”，这个转换基本就是一种顺译。例 2 中汉语要表达的话题是说“人”，可以是一个人，也可以是某个人。但在英译句子中，把原先的话题分为两部分，即生活中的谦卑退让和文学中的颐指气使。在翻译中，译者就需要把人称的主语换作物称主语，前后照应，句式工整。例 3 中汉语讲的主题是“前面提到的到英国做交换生”，翻译成英文主语就略显啰唆，而且在句法结构上也会显得头重脚轻。这个时候就需要给相应的主语增加个词或者换个词来代替，比如我们常用到的 it 形式主语。这里是增加了主语 my experience，从意义上来讲，到英国做交换生就是我的一种经历。这个补充符合英文的表达习惯，而且在句法结构上也很恰当。

第 4 章 段落篇章翻译

语言的发展和变化体现的是不同区域人类思维方式的发展和变化。英语是直线型思维，在语篇中好用推理和演绎，注重从整体到个体的变化规律。汉语是迂回型的思维方式，在篇章中好引用、好渗透。英语喜欢开门见山，直接点明主题。在语言上也是先把主干表明清楚，再插入其他修饰成分。汉语喜欢先铺垫，比较含蓄地说出句子主干。由于思维习惯的不同，两者在语言和篇章的组织上都有很大的不同。

4.1 段落的概念

英语是一门逻辑性很强的语言，这种逻辑性不只是体现在句子和句子之间，同时也存在于段落与段落之间。英语的句子基本遵照严格语法，有基本架构“主语+谓语+宾语”等形式。在句子和句子之间的连接上，有表示并列、递进、转折等的连接词，如 and，but，thought，while 等。在段落的分布上，也遵循了这样一种逻辑。段落中一般有中心句，或者也可以说是主题句(key sentence)，主题句的位置一般位于句首或者句尾，有时会在句首出现，然后句尾加以总结。在一段中，主题句后面的内容都是围绕着主题内容展开来说，一般会分为“第一、第二、第三”等很有逻辑顺序、很有条理的句子排列。

汉语是一门“形散神不散”的语言，它的逻辑性体现在句子意思内。汉语根据句子意思，推测句子和句子之间的逻辑关系。看似散沙一样的语言，仔细揣摩，却是很有条理的，这也就是汉语的高深之处和魅力所在。一个段落中，有时候有明显的主题句，有时候主题句需要读者进行总结和提炼。

根据以上对汉语和英语两门语言在段落上的不同之处的分析，不难发现，在翻译前要仔细进行原语文本的分析，在翻译中要遵从译入语语言的习惯进行段落和语言的分布。接下来，就汉英两种语言段落之间进行对比。

4.1.1 英汉段落之间的对比

例 1：Within a very short time of coming back into power the present government had taken steps to stabilize the position. First of all we applied ourselves to identifying the root causes of our national ailments contemporary evidence and refusing to be slaves to outmoded doctrinaire beliefs. Secondly we embarked on a reasoned policy to ensure steady economic growth the modernization of industry and a proper balance between public and private expenditure. Thirdly by refusing to take refuge—as the previous Government had continually done in the preceding years in panic stricken stop-gap measures we stimulated the return of international confidence. As a result of those immediate measures and aided by the tremendous effort which they evoked from our people who responded as so often to a firm hand at the helm we weathered the storm and moved on into calmer waters and a period of economic expansion and social reorganization.

译文：在重新执政后极短的时间里，本届政府就采取了许多措施来稳定局势。第一，我们致力于找出国内种种弊病的根本原因仔细研究当时的症状，而不是墨守过时的成规教条。第二，我们采取了经过深思熟虑的政策以保证经济的稳步发展，工业的现代化，以及公私支出之间的平衡。第三，我们没有采取上届政府前几年的一贯做法，没有因为惊慌失措而安于一些补漏洞的权宜之计，因此促使了我们国际信誉得到恢复。由于采取了这些措施，由于我国人民——他们一如既往，对坚定的掌舵人作出积极的响应——在这些措施激励之下作出了巨大的努力，为我们提供了帮助，我们经受了风暴，进入了比较平静的海面，进入了一个经济发展与社会重组的时期。

分析：这是一篇典型的英语段落文章。在段落的首句就点明了这段文中的主题，即主题句“Within a very short time of coming back into power the present government had taken steps to stabilize the position.”。接着对主题句进行论述，用到了“first of all，secondly，thirdly”三个并列结构，逻辑性特别强。在最后，用

了一句话进行总结，用到了 measures 来回应主题句中的 take steps。

可以看出，译文遵从了原文的结构，按照“主题句－分句论述－总结”这个框架进行了翻译，既遵从了原文，也是逻辑性很强一段论述。这样的译文在汉语议论文中很常见。

例 2：我们屋后有半亩空地。母亲说：“让它荒着怪可惜的，既然你们那么爱吃花生，就辟来做花生园吧。”我们几姐弟和几个小丫头都很喜欢——买种的买种，动土的动土，灌园的灌园；过不了几个月，居然收获了！

译文：Behind our house there lay half a mou of vacant land. Moter said，“It is a pity to let it lie waste. Since you all like to eat peanuts so much，why not have them planted here.” That exhilarated us children and our servant girls as well，and soon we started buying seeds，ploughing the land and watering the plants. We gathered in a good harvest just after a couple of months.

分析：这是一篇典型的汉语流水文章。母亲发号施令，孩子们动手干活，看似没有逻辑，其实都是按部就班，有原因，有结果，有顺序。

对于这一段的英译，就按照原文的语言动作顺序直译下来。对于原文中的“买种的买种，动土的动土，灌园的灌园”，译者在这里加入了主语 we，按照英文的习惯，不加重复，直接进行动作翻译：“we started buying seeds，ploughing the land and watering the plants.”。

4.1.2 段落翻译

(1) 英译汉段落翻译。

例 1：Extemporaneous speaking should be practiced and cultivated. It is the lawyer's avenue to the public. However able and faithful he may be in other respects，people are slow to bring him business，if he cannot make a speech. And yet there is not a more fatal error to young lawyers，than relying too much on speechmaking.

译文：即兴演讲是一个律师联系公众的广阔途径，必须加以培养和锻炼。无论一个律师在其他方面怎样可靠、能干，如果他不善演说，人们不会轻易将诉讼事务委托给他。然而，过分地依赖演说才能，也往往是一个青年律师的致命缺点。

分析：这段话在翻译的过程中，把前两句进行了合并并且调整了顺序。第一句是被动句，“即兴演讲需要多加培养锻炼”。第二句是陈述句，“即兴演讲是一个律师练习公众的途径”。通过汉语的分析，适合把陈述句放在句子开头，表明立场，然后再陈述观点，因此在译文中做了些许的调整。在第二个句子中，有开头的转折、最后的条件状语等多个成分，在翻译中根据汉语的习惯，一般把条件、原因、修饰的内容都前移，然后陈述主干内容。这段话的翻译参考了汉语的表达习惯，在翻译过程中能做到既忠实于原文，又能适应译入语读者的阅读习惯。

例 2：

Article XIV

Section I．All persons born or naturalized in the United States，and subject to the jurisdiction thereof，are citizens of the United States and of the State wherein they reside．No State shall make or enforce any law which shall abridge the privileges or immunities of citizens of the United States；nor shall any State deprive any person of life，liberty，or property，without due process of law；nor deny to any person within its jurisdiction the equal protection of the law．

译文：

第十四条

一、凡出生或归化于合众国并受其管辖之人，皆为合众国及其所居之州的公民。无论何州，不得指定或施行剥夺合众国公民之特权或特免的法律；亦不得未经正当法律程序前，使任何人丧失其生命、自由或财产。并且对于该州管辖区内之任何人，皆不得拒绝给与法律上平等的保护。

分析：这是一则法律条例。在法律条例的语言中多用祈使句和正式文体的语言。把英语的法律条文译成汉语，就要严格按照汉语的法律条文语言进行翻译，要体现正式的书面用语，这属于超正式文体(frozen style)。

例 3：John F．Kennedy Jr’s father was John F．Kennedy，the American president who has the most impact on the psyche of America in the late 20th century．That impact was due to the "Camelot" mythology which an optimistic administration under Kennedy put in place in the 1960's，at the heart of the Cold War，but because of the dark-hued tragic stamo put on his short reign by his assassination in 1963.

译文：小约翰·F．肯尼迪的父亲就是在20世纪后期对美国人的心灵影响最大的美国总统约翰·F．肯尼迪。肯尼迪总统之所以会有如此大的影响，不仅是因为他领导下的一个乐观的政府在20世纪60年代冷战关键阶段适时地退出“肯尼迪盛世”的神话，而且是由于他1963年遇刺身亡而打在他短暂执政时期上的暗色调悲剧印记。

分析：本段是对人物的介绍，尽管开头是John F．Kennedy Jr，但是介绍的是其父亲约翰·F．肯尼迪总统。在第一句话点明主题，引出人物，并且指出人物的官职和身份。第二句虽然是长句子，但是通过仔细分析发现，这句话给出了肯尼迪总统有影响力的两大原因，分别用“be due to”和“because”来引导，而且第二个原因比第一个更进一层。因此，在翻译中用到了“不仅……而且……”的递进关系把两层原因展开来说。这样在语言上更加有逻辑性。

例4：Two things are outstanding in the creation of the English system of canals，and they characterize all the Industrial Revolution. One is that the men who made the revolution were practical men. Like Brindle，they often had little education，and in fact school education as it then was could only dull an inventive mind. The grammar schools legally could only teach the classical subjects for which they had been founded. The universities (there were only two，at Oxford and Cambridge) also took little interest in modern or scientific studies；and they were closed to those who did not conform to the Church of England.

译文：在修建英国的运河网的过程中，有两点是非常突出的，而这两点也正是整个工业革命的特点。首先，发动这场革命的都是些实干家。同布林德雷一样，他们一般都没有受过什么教育。事实上，当时那种学校教育也只能窒息人的创造性。按规定文法学校只能讲授古典学科，这些学校的办学宗旨本来就是如此。大学(当时只有两所，一所在牛津，一所在剑桥)对现代的或科学的学科也不怎么感兴趣；这两所大学还把不信奉英国国教的人关在门外。

分析：这一段是典型的英文结构。在句子开头指出本段的主要内容“two things are outstanding”，然后分别对两点加以说明。由于是讲原因，内容较为烦琐，一环扣一环(practical men－little education－school－classical subjects－no interests in modern studies－Church of England)，在逻辑上是环环相扣，抛出一个话题，就对其展开说明，然后引出另一个话题。这样的翻译适合汉语的短句子，简练精悍，意思明确，每一个小句子都能说明一个小问题。

例 5：The first point about chores is that they are repetitive. They come every day or whereabouts, and once done they require after a certain time to be done again. In this regard a chore is the very opposite of a “happening”－that strange sort of event which a few years back was so much in fashion. For a happening was in essence unrepeatable；it came about in ways no one could predict，taking form from vaporous imaginings or sudden impulse. Chores，by contrast，can be foreseen in advance；for better or worse，I know that tomorrow I must be reenacting the same small round of ritualistic deeds；and they arise，moreover，from practical necessities，not from poetic flights.

译文：家务事的第一个特点是反反复复。几乎天天都有，做完之后，过一定时间又要重做一遍。在这个意义上，家务事与几年前盛行的“即兴剧”里的表演可正好相反。“即兴剧”里表演的事儿根本就不会再重复，事先谁也不知要演什么，全凭想象或心血来潮。与之相反，家务事是可预见的，无论喜不喜欢，我知道明天肯定还要干这同样的烦烦琐琐的例行公事。另外，家务事来自实际需要，而不是一时兴起。

分析：本段主要讲述的内容是“家务事”，并且把它和“即兴剧”进行了对比分析。在文章第一、二句概括说明，点明主题“chores come every day”，这是典型的英文段落表达，即段首给出主题句。然后引出另一个和它恰好相反的内容“happening”，对两者进行对比和分析，指出不同点。对于描述事物的文章，用一个相似或者完全相反的内容进行类比，能让读者一目了然，更加容易理解主要内容。

(2) 汉译英段落翻译。

例 1：徐霞客一生周游考察了十六个省，足迹几乎遍及全国。他在考察的过程中，从来不盲目迷信书本上的结论。他发现前人研究地理的记载有许多很不可靠的地方。为了进行真实细致的考察，他很少乘车坐船，几乎全靠双脚翻山越岭，长途跋涉；为了弄清大自然的真相，他总是挑选道路艰险的山区，人迹稀少的森林进行考察，发现了许多奇山秀景；他常常选择不同的时间和季节，多次重游各地名山，反复观察变换的奇景。

译文：Xu Xiake toured and investigated 16 provinces in his lifetime，covering almost the whole country．When he was carrying out his investigations，he never took blind belief in the conclusions in the books．Instead he found a lot of unreliable points in the geographic records taken by his predecessors．In order to make his investigations reliable and thorough，he seldom traveled by carriage or boat．Instead，he took long，arduous trips on foot almost all the time，climbing mountains and hills．In order to learn about the truth of nature，he always choose to conduct investigations in mountainous areas with dangerous roads and in untraveled woods，where he discovered a lot of magnificent peaks and beautiful sights．

分析：通过对文章分析，可以看出这一段主要讲述徐霞客游记中很不可思议，常人无法企及的内容，接着用三个排比句进行了目的—结果的表述。在英译中可以按照汉语的逻辑，进行排比。当然，如果不是整齐的排比句或者排比句很长的时候，可以把内容切割开来，作为单独句子进行翻译。由于排比句较长，译文中既采用了句子切分的方法译为单独句子，也用到了“in order to”引导的排比句。

例 2：根据中国古代历史传说中记载，有一个叫“年”的怪物经常从山上到村子里吃牲畜。后来人们发现这个怪物怕红色，所以就在门上、窗户上贴红纸，红纸上面还写一些增加转运的诗。这样，怪兽害怕贴满红纸的屋子。因此这个风俗被流传了下来，一直到今天。对联传统上讲是用黑墨在两张红纸上写字，然后贴在门的两侧。

译文：According to legends in the China's ancient past there was a monster known as Nian who often came down from the mountains to eat livestock and locals. It was discovered that he was afraid of the color and so red paper was placed around doors and windows of houses and poems for good luck were added to them. The housed with the red paper were avoided by the monster, so its inhabitants were apared. The tradition has continued until today. Couplets are traditionally painted with black ink on two pieces of red paper which is then hung on either side of a door.

分析：这段文字是一个有关于“年”和春节的神话传说，属于记叙文文体。因此在翻译中也可以采用记叙文文体进行描述，基本属于流水文章。在翻译的过程中，小句与小句子之间都有联系，因此可以采用一些复合句将句子串联起来。比如：“对联传统上讲是用黑墨在两张红纸上写字，然后贴在门的两侧。”虽然是两个小分句，前一句讲的是对联，后一句也说把对联贴门上，因此就可以用定语从句把两者联系在一起，即“Couplets are traditionally painted with black ink on two pieces of red paper which is then hung on either side of a door.”。

例 3：舞龙是中华文化中一种传统的舞蹈表演形式。传统上来讲，其表演动作象征着龙的历史地位，展示了力量与尊贵。舞龙起源于汉代。人们认为它最初是作为耕作收成文化的一部分；同时也是一种治病的方法起源。舞龙在宋代已十分盛行，成为了一项民间活动，且最常见于各种节日庆典中。舞龙是世界各地唐人街举办春节庆典的一个重头戏。

译文：Dragon dance is a form of traditional dance performance in Chinese culture. The movements in the performance traditionally symbolize historical roles of dragons, demonstrating power and dignity. The dragon dance originated in the Han Dynasty. It is believed to have begun as part of the farming and harvest culture, also with origins as a method of healing and preventing sickness. It was already a popular event during the Song Dynasty when it had become a folk activity and was most often seen in various festival celebrations. The dragon dance is a highlight of Chinese New Year celebrations held worldwide in Chinatowns around the world.

分析：这段文字属于说明文字，主要讲的内容是“舞龙”，讲到了它的象征意义、历史和演出场合。因此，可以把短文按照这几步进行分割合并，然后翻译。第一句话是文章的主题句“Dragon dance is a form of traditional dance performance in Chinese culture.”，统领全文，接下来就此展开，分别说明它的象征意义、历史和演出场合。在文中第二句，舞龙的表演动作给出了两个动词“象征”和“展示”进行说明，可以按照并列结构进行翻译，也可用到主句和目的状语的修饰语进行翻译，文中用到了后者，即“The movements in the performance traditionally symbolize historical roles of dragons，demonstrating power and dignity.”，比起并列句，在更加强调舞龙象征历史地位的同时展示了力量和尊贵。

例 4：古往今来，“时间”对人类来说是最难捉摸的东西。每个活着的人就只能掌握“今天”——只能掌握此时此刻。不过，怎样使用短暂的二十四小时，我们每个人都可以各有千秋。我们可以在里面填进去不同的内容。有的人蹉跎岁月，延误时机；有的人把时间用来为别人造福；有的人则自己奋发向上。您怎样度过您的时间呢？抽空好好考虑这个问题准会使您受益匪浅。

译文：Time is always a riddle for man throughout the ages. People alive can only have “today”— the very day and the very moment. However，we are different in making use of 24 hours. We differ in what we do in 24 hours. Therefore，what we get is different. Some idle their time away and missed many opportunities because of delay. Some spend their time in benefiting others. Some work hard to move forward. How do you spend your time？ If you spend some tie thinking it over，you will be benefited.

分析：这段话的主要内容是讲述“时间”，讲述它的珍贵和人们的使用。从文章结构上讲，这段文字很有逻辑“主题句－时间的珍贵－不同人的使用”，并且在最后的使用阶段，作者用三个排比进行了说明，然后向读者进行了提问。所以可以把三个排比句译成三个简单的句子，就如译文那样：“Some idle their time away and missed many opportunities because of delay. Some spend their time in benefiting others. Some work hard to move forward.”。

4.1.3　中国传统文化英译

中国有着长达五千年的传统文化，随着互联网的普及和中西方交流的加深，越来越多的西方国家想要了解这个有着厚重文化底蕴的国家，而文化就是其中既神秘又难以表达的一部分。中国的文化和中国的历史、地理环境、人文习俗都有着密切的联系。在中西方交流中不是直接翻译就能把文化讲清楚的。比如道家思想、儒家文化、传统节日和神话传说等。那么在中西方交流中免不了要遇到这些方面的碰撞，那么该如何处理呢？

(1) 加强对传统文化的学习。翻译本身就要求译者作为一个全能的人。各个方面的知识可以不精，但各个方面的知识都要懂。其实这是一个辛苦又艰难的学习积累的过程。因为我们无法判定要翻译什么方面的内容，无法去左右原语文本的走向。因此，在日常的学习中就要不断地积累传统文化，积累各个方面的知识。

中国特有的文化不是一两句就能讲清楚的，就比如毛泽东诗词《清平乐・六盘山》："天高云淡，望断南飞雁。不到长城非好汉，屈指行程两万。六盘山上高峰，红旗漫卷西风。今日长缨在手，何时缚住苍龙？"这个诗词是毛泽东主席带领红军进入甘肃，顺利跨越六盘山时所作，就字面意思有很多内容就不是很清楚。

其中"望断南飞雁"出自唐代王维的《寄荆州张丞相》，意思是看不到南飞的大雁。"苍龙"和"龙"有关，指的是古代神话传说中的一种凶神恶煞的猛兽，而在这里指的是即便地势险要也束缚不住长征前进的步伐。

如果没有一定的知识和文化的积累，连原文都不懂，如何进行翻译？

(2) 中国文化翻译。在涉及中国传统文化的翻译上就要求译者有一定的文化底蕴和文化自信。首先，要做到对原文的准确理解，这是翻译好中国文化的第一步，也是最重要的一步。那么如何理解呢？除了要有一定的知识储备外，也要利用好互联网的作用。遇到不懂的内容，一定要用科学的方法对原文出处进行核查。其次，对于汉语中出现的有隐含出处或者背景的内容，一定要给予解释和说明，这样才能让译入语读者了解清楚原文真正要表达的内容，否则一头雾水，那么翻译也不能起到文化传播的作用了。比如：

长城，东起山海关，西至嘉峪关，横跨中国北部七个省、自治区，全长六千多公里，号称万里长城，是中国古代劳动人民智慧的结晶，是世界伟大的建筑奇迹之一。

译文：Starting at Shanha Pass in the east and ending up at Jiayu Pass in the west，the Great Wall traverses，up and down，over numerous mountains and valleys in China’s five northern provinces and two autonomous regions. As it extends over a distance of more than 6,000 km，it is called in Chinese the Wanlichangcheng，which means “Ten Thousand Li Long Wall”. It is a symbol of intelligence of the working people in ancient times also one of the great architectural wonders in the world.

分析：这句话的翻译中，重点对“万里长城”这个名字的来源进行了解释，即“万里”代表的就是“一万里”(Ten Thousand Li Long Wall)，一方面指出了长城很长，另一方面也做了一个夸张。特定的汉字表达特殊的含义，在文化交际中有必要把隐含在原语中的意义呈现出来。如果只是翻译为“The Great Wall”，那么对于英文读者而言就只是一个称谓。而在汉语中说到“号称万里长城”，中文读者一眼就能看懂这是要夸张表达“将近一万里长的墙”。这样的话，对于汉语读者和英语读者所起到的作用是不一样的。因此，要把“万里长城”名字的含义交代清楚。

例 1：

哪吒庙

澳门现有两座哪吒庙，分别是柿山哪吒庙和大三巴哪吒庙。大三巴哪吒庙创建于 1888 年，改建于 1901 年。大三巴哪吒庙建筑，长 8.4 米，宽 4.51 米，两进式建筑，中间无天井。大三巴哪吒庙 2005 年成为澳门历史城区的一部分。哪吒古庙创建于清初，改建于 1898 年。柿山哪吒古庙其实只是一座四方亭，实无庙宇。但亭内设有神龛、神台、香炉等庙宇设备。

译文：

Na Tcha Temple

There are two Na Tcha Temples in Macau，namely Na Tcha Temple on Mount Fortress and the Na Tcha Temple at the Ruins of St. Paul. Na Tcha Temple at the Ruins of St. Paul was built in 1888 and rebuilt in 1901. It measures 8.4 meters in length and 4.51 meters in width. In 2005，it became a part of the Historic Centre of Macau. The Na Tcha Temple at Mount Fortress was built during the early Qing Dynasty and its reconstruction began in 1898. It contains a shrine，altar，incense burners and other temple equipment.

分析：这个段落中出现的“哪吒”是中国古代神话传说中的人物，是托塔天王李靖的三太子，太乙真人是其师傅。哪吒的传说在很多经典作品中都有出现，在中国可以说是家喻户晓，但是对比到英文中，这是一个既陌生又不懂的文字。因此对它的翻译没有相对应的英文，只能进行英译为 Na Tcha。

例 2：

乞龟

乞龟，是汉族民俗文化活动之一。每年农历正月新年至元宵期间，民众将一袋袋大米堆成一只海龟的形状，称为“米龟”；通过从头到尾摸米龟各个部位，祈求新的一年国泰民安、风调雨顺、家庭幸福。

译文：

Turtle Prayer

Turtle Prayer，one of the folk cultural activities of the Han People，falls between the new year (lunar calendar) and the Lantern Festival，when people pile bags of rice into the shape of a sea turtle，called “rice turtle”. In the ceremony people stroke the entire body of the mock turtle thoroughly to pray for prosperity and peace，as well as favorable weather conditions and domestic happiness in the new year.

分析：这篇文章中提到的“乞龟”是民间特有的文化传统活动，但是由于它的地域限制，只在我国的闽南地区进行，时间是在正月十五元宵节。因此，即便是对于中国人而言，北方人恐怕也鲜有人知晓这样一种文化活动。因此，就要求译者有广泛的阅读量。“乞龟”就是向神祈求。由于人们认为龟有灵性，又加之“白龟转世”等神话传说的影响，因此对神灵的祈求就演变成向龟的祈求。可以求子、求财、求平安、求福等。因此在英语的翻译中就把这个活动翻译成 Turtle Prayer，是一种求福的活动。文中提到“国泰民安、风调雨顺、家庭幸福”，在汉语中都是四字结构的成语，翻译到英语中，要尽量寻求文字的工整。“国泰民安”也就是国家繁荣，人们安康，无战争的烦扰，因此译为 prosperity and peace；“风调雨顺”的日子对以农业为主的老百姓而言，就是需要雨水的时候下雨，天气随着农作物的生长而变化，因此译为 favorable weather conditions。

例 3：

乌镇

乌镇隶属浙江省嘉兴市桐乡市，西临湖州市，北界江苏苏州市吴江区，地处江南水乡。乌镇是典型的中国江南地区水乡古镇，有“鱼米之乡，丝绸之府”之称。乌镇具有六千余年悠久历史，是全国二十个黄金周预报景点及江南六大古镇之一。1991 年被评为浙江省历史文化名城，1999 年开始古镇保护和旅游开发工程。乌镇隶属桐乡市，地处东南沿海，属典型的亚热带季风气候，冬暖湿润，四季分明，雨水丰沛，日照充足，具有春湿、夏热、秋燥、冬冷的气候特点。

译文：

Wuzhen Township

A water town in the Jiangnan Area in Tongxiang City, Jiaxing, Zhejiang Province, it is adjacent to Huzhou City in the west, and Wujiang District, Suzhou City, Jiangsu Province in the north. The Wuzhen Township is a typical ancient water township in the Jiangnan Area in China, known as the "land of honey and milk and the home of silk". With a profound history of over 6,000 years, it is one of the 20 top scenic spots for national holidays in China and one of the six major ancient townships in the Jiangnan Area. In 1991, it was rated as a famous historical and cultural city of Zhejiang Province and in 1999, it began its project for the protection and tourism development of the ancient town. Located in the coastal area in the southeast and under the jurisdiction of Tongxiang City, it enjoys a typical subtropical monsoon climate featured by warm and wet winter, distinguished four seasons, abundant rainfall and sunshine, which yields a briefly wet spring, hot summer, dry autumn and cold winter.

分析：这段文字是对一个地方，同时也是旅游景点——乌镇的介绍。里面涉及一些中文特有的词语的翻译。比如“江南水乡”，汉语的意思就是有河有溪水环绕的江南地方，因此解释说明地译为 ancient water township in the Jiangnan Area。同样“鱼米之乡，丝绸之府”也是我们在地理环境介绍上常常会看到的词语，它的字面意思就是指这个地方渔业很兴盛，同时也生产丝绸，因此在翻译中把它加以说明即可，即 land of honey and milk and the home of silk。

4.2　不同文体的语篇翻译

4.2.1　旅游文本的翻译

1. 旅游文本分析

旅游文本涵盖面比较广，除了景点的介绍外，还有旅游宣传、告示等各个方面的内容。旅游文本的作用除了在于向游客介绍景点，传播景点的知识外，还有激发起游客的旅游热情。因此，这类文本对读者的可接受程度要求比较高。

例 1：Niagara Falls comprises three distinct cataracts. The tallest are the American and Bridal Veil falls on the American side，separated by tiny Luna Island and plunging over jagged rocks in a 180ft drop；the broad Horseshoe Falls which curve their way over to Canada are probably the most impressive. They date back a mere twelve thousand years，when the retreat of melting glaciers allowed water trapped in Lake Erie to gush north to Lake Ontario. Back then the falls were seven miles downriver，but constant erosion has cut them back to their present site. The falls are colorfully lit up at night，and many say they're most beautiful in winter，when the grounds are covered in snow and the waters turn to ice.

译文：尼亚加拉瀑布有 3 个，位于美加两国国境上，中间以山羊岛(Goat Island)隔开，在美国那一侧的叫美国瀑布(沿著河流的右手边)，在加拿大国境内的叫加拿大瀑布或马蹄瀑布。小瀑布即美国因其极为宽广细致，很像一层新娘的婚纱，又称婚纱瀑布。由于湖底是凹凸不平的岩石，因此水流呈漩涡状落下，与垂直而下的大瀑布大异其趣。因此尼亚加拉瀑布也成为了情侣幽会和新婚夫妇度蜜月的胜地。马蹄瀑布由于水量大，水从50多米的高处直接冲下，气势有如雷霆万钧，溅起的浪花和水气，有时高达100多米，当阳光灿烂时，便会营造出一座七色彩虹。人稍微站得近些，便会被浪花溅得全身是水，若有大风吹过，水花可及很远，如同下雨，冬天时，瀑布表面会结一层薄薄的冰，那时，瀑布便会寂静下来。

例2：兰雪堂北，山峰高耸在绿树竹荫中，山西北双峰并立，取名“联壁”。缀云峰、联壁峰为归园田居的园中景点。缀云峰的形态自下而上逐渐壮大，其巅尤伟，如云状，岿然独立，旁无支撑，此峰苔藓斑驳，藤蔓纷披，不乏古意。

译文：It is to the north of Orchid Snow Parlor，towering in the middle of the trees. The western and northern peaks stand side by side，named “United Peak”. Cloud-Capped Peak and United Peak are attractions in the park of Returning to Nature. Cloud-Capped Peak gradually expands from bottom to top. Its cloud-like summit stands in splendid isolation without any support. This peak is overrun with moss and vine，full of interest and charm of antique taste.

以上两个例子分别是对加拿大的尼亚加拉大瀑布和中国苏州拙政园的景点介绍。从语言上可以看出，不同文化背景的旅游者审美是不同的，而这些和自身文化的积淀有很深的关系。外国景点介绍通俗易懂，语言朴实，很注重传达信息的实用性。而中文的旅游文本则侧重人文之美，会把诗词意象融入其中，更加强调空间、时间、色彩等的结合。即便是在自然景观中也夹杂了厚重的人文色彩，会把中国古典诗词和古典文学联系其中，让人在游览中不失古典之美。

2．旅游文本的翻译策略

(1) 释译法。释译法是中英文旅游文本中常见的一种翻译方法，尤其是面对中文旅游文本中引用的诗词语句、历史典故的时候，考虑到两种语言的表达形式和构词造句的不同，在翻译时适合运用释译法将主体内容大意翻译出来。这样的翻译既可以摆脱原语语言的束缚，又能向读者传达原语文本的意思。

例1：

听雨轩

在嘉实亭之东，与周围建筑用曲廊相接。轩前一泓清水，植有荷花；池边有芭蕉、翠竹，轩后也种植一丛芭蕉，前后相映。这里芭蕉、翠竹、荷叶都有，无论春夏秋冬，雨点落在不同的植物上，加上听雨人的心态各异，就能听到各具情趣的雨声，境界绝妙，别有韵味。

译文：

The Listen-to-the-Rain Pavilion

It is to the east of Harvest Pavilion，connected to surrounding buildings by zigzag veranda. In front of the pavilion is a pool with lotus planted；on the side of the pool is plantain and bamboo，contrasting charmingly with plantains behind the pavilion. Regardless of spring，summer，autumn or winter，when the rain falls on various plants，different people with different thoughts can listen to the sounds of rain with different tastes，very fascinating.

分析：这一段是对拙政园中听雨轩的介绍。原文的介绍摒弃了现代汉语的呆板和直接，仿古文的写法，使得这篇旅游文本的意境凸显纸上，使人读来意犹未尽。如“一泓清水、曲廊相接、意境绝妙、别有韵味”等。在译文中可以看出，译者遵循了英文语言朴实的特点，用很直接的方式把原文内容呈现了出来。

例 2：

笠亭

在扇亭后的土山上还有一小亭，称“笠亭”。“笠”即箬帽，亭作浑圆形，顶部坡度较平缓，恰如一顶箬帽，掩映于枝繁叶茂的草树中，摒弃了一切装饰，朴素无华。山小亭微，搭配匀称，衬以亭前山水，俨然一戴笠渔翁垂钓，悠然自得。

译文：

The Li Pavilion

There is a pavilion on the hill behind Fan Pavilion called Li Pavilion. Li means a broad-rimmed bamboo hat. The pavilion is round-shaped with a flat top，just as a bamboo hat shaded with luxuriant trees and grass without all decorations，simple and minimalist. The small hill and tiny pavilion are well-balanced，together with the landscape in front of the pavilion，just like a fisherman with a bamboo hat fishing leisurely.

分析：这一段是对西花园中的笠亭的介绍，文中对“笠亭”名字的由来做了详细的介绍，而且在文本最后用一个比喻句“俨然一戴笠渔翁垂钓，悠然自得”，对整个亭子的样子做了一个恰当的比喻。原文中短句子比较多，一句接一句，环环相扣，但是在英文中把一些相关句子糅合在一起做了长句子的说明。

例 3：

苏州好　调寄《望江南》

苏州好，拙政好园林。四面荷风三面水，红裳翠盖满池心。炎夏惬幽寻。园之中部，有亭曰“荷风四面”，居高临下，为赏荷胜处。

苏州好，拙政好园林。卅六鸳鸯成双对，浴波戏水结同心。池馆蓄文禽。卅六鸳鸯馆面临广池，池中蓄鸳鸯十余对，拍浮为乐。

苏州好，拙政好园林。盆盎盈庭花簇簇，潇湘一阁竹森森。到处有清阴。留听阁一带，罗列花木盆景无数，丰富多彩。“潇湘一角”为种竹处。

苏州好，拙政好园林。轩宇玲珑如展扇，与谁同坐有知音。于此可横琴。西部有小轩作扇面形，别创一格，榜曰“与谁同坐轩”。

苏州好，拙政好园林。月榭星台新安置，东西结合更幽深。放眼豁胸襟。园之东部拓地二十余亩，鸠工庀材，布置一新；从此与中部、西部互相结合，更见幽深宽广。

苏州好，拙政好园林。民不能忘垂百载，忠王伟绩感人深，歌颂到如今。太平天国忠王李秀成，曾开府于此。

译文：Suzhou good　DiaoJi“*hope jiangnan*”

Suzhou，a good political landscape. All three face water by the wind，red and covered pool emerald green heart. Qie summer you find. The garden central，booth yue “lotus wind all around”，commanding，reward for Hollywood in wins.

Suzhou，a good political landscape. 36 mandarin duck in pairs to，bath wave paddle tie the knot. The storage pool hall fowl. 36 yuanyang libraries face wider pool，

pool storage for more than 10 mandarin duck，pat float for pleasure.

Suzhou，a good political landscape. The full court flower pot waving，xiaoxiang pavilion a bamboo forest. There are clear Yin. Leave to cabinet area，spread the flowers and trees bonsai countless，rich and colorful. “Xiaoxiang corner” as the kind of bamboo place.

Suzhou，a good political landscape. Porch yu and exquisite such as exhibition fan，and who sit with companion. In the hengqin. In the west XiaoXuan be sectoral form，don’t and one case，list yue “and who sit with porch”.

Suzhou，a good political landscape. A new star on filipacchi place for，things combined with more deep. Looking across the world mind. The extension to the east of more than twenty acres，an Pi work of material，decorate new；From now on with the central and west with each other，more see deep broad.

Suzhou，a good political landscape. People can not forget the vertical load，loyal wang wei moving deep performance，sing praises to now. The taiping heavenly kingdom loyal king li xiu-chen，once in the open government

分析：这一段是周瘦鹃的诗歌《望江南》，是赋予苏州拙政园的一首诗。全文皆以“苏州好，拙政好园林”开头，共有七句。其中加入了各个小景点的名字或者是景色，还有景点的题词，如“荷风四面”“潇湘一角”等。在英文文本中，同样遵循了汉语的重复，在每段皆以 Suzhou，a good political landscape 开头。此处的“拙政好园林”译为“a good political landscape”，此处的 political 的由来皆因为它的园主为明朝年间因官场失意而还乡的御史王献臣，因为其工作关系，故译为 political。

(2) 替代法。在中文文本中，有一些意象是没有办法替代的，而且在英文中找不到合适的词来进行替换。比如“说曹操，曹操就到。”对于中文读者而言，“曹操”在这里就不是指东汉末年的军事家曹操了。它已经泛指了当你说到某个人的时候，某个人恰好就来了。比如汉语中会说“众人拾柴火焰高”，英文中有“many hands make light work”，两者在意思上有异曲同工之妙。比如英文中有“to burn

one's boats”，而汉语里有“破釜沉舟”，两者在意义和意象上都是一样的。再比如“一箭双雕”，本意是指一支箭一次就射中了两只鸟，而英文中有“to kill two birds with one stone”，在意思上基本是一致的。

4.2.2 政府报告文本的翻译

1. 政府报告文本分析

政府报告文本本身带有很强的信息性，它主要向公众传达政府的工作纲领、工作内容、工作业绩和一切的指导思想等。文本的作用不仅是向工作传达信息，还要引起读者的反响、理解和支持。

政府报告文体是一种正规的书面文本，因此在用词造句上都比较严谨。主要有以下几个特点：

第一，政府工作报告中同义词的反复使用，不仅是单个单词的重复，有时是一个句子、一个段落的不断重复。主要作用在于强调。比如：稳中有为，稳中提质，稳中有进，三个词均以“稳中”开头，起到了重复的作用。在翻译中只需要出现一次即可，译为“wbreak new ground，improve quality and make progress while ensuring stability.”。又例如：只有一流的教育，才能培养一流的人才，建设一流的国家。三句话中在不断地重复“一流的”，既起到了重复的作用，在句子上也工整对应。

第二，用到成语的四字、八字结构较多。一方面增强了句子的语气，同时也使得表达更有活力。如：锐意进取、和谐美丽、生机勃勃、繁荣富强。这样四字成语的翻译，在英文中有时用一个单词就可以表达其含义，那么这种情况下就可以直译。比如“繁荣富强”就对应了英文中的prosperity。还有“尽力而为、量力而行”虽然是两个四字句结构，但这八个字其实都是表达一个意思，那么在翻译的时候就无须赘述，要用到省略译法，译为try things out 即可。

第三，在一个段落中有很多同义句的反复强调。对于这样的句式的处理方法就是合并翻译。比如：实现世界经济强劲、可持续、平衡增长是一个长期复杂的过程，不可能一蹴而就，既要持之以恒、坚定推进，也要照顾到不同国家国情，尊重各国发展道路和发展模式的多样性。这句话中的“实现……是一个长期复杂的过程”和“不可能一蹴而就”是前后呼应、意思上重复，因此在翻译的时候要进行合并，译为“We have a long，hard journey to go before we can keep the world strong，sustainable and balanced. That requires not only strong，sustained commitment but also due respect for diversity in national realities，development paths and modes.”。

第四，无主句比较多也是政府文本的一大特征。我们在翻译的时候可以适当地添加主语，有时候句子的主语就隐含在句子中，那么在翻译中就要先把这部分内容找出来，再进行翻译。比如：坚持实施积极的财政政策和稳健的货币政策。这句话中实施的隐含主语是“国家或者我们”，译文为“We have continued to follow a proactive fiscal policy and a prudent monetary policy.”。

2．政府报告翻译策略

按照上文对政府报告文本的分析，在实际翻译中的处理策略就是省略同义关系、适当地增加主语和合并翻译等。那么以下提供的例子，将给出更加详细的实际操作分析。

例 1：过去的一年，困难比预料的多，结果比预想的好。经济社会发展既有量的扩大，又有质的飞跃，为今后奠定了基础。这将鼓舞我们砥砺前行，不断创造新的辉煌。

译文：In the last year，we met more difficulties but delivered a better performance than expected. The economy and society developed both quantitatively and qualitatively，thus laying a good foundation for future development. These achievements encourages us to force ahead and make further progress.

分析：第一句话属于无主句，经过分析，无论是“预料”或者“预想”都是人能发出来的，那么在译文中加入了句子的主语“we”。句中出现了两次并列，都是和“预料”有关，因此省略一处，进行合并翻译。第二句话中有并列结构“量的扩大”和“质的飞跃”，它们都用来修饰“发展”，对一个动词的修饰只能用副词，这里就把两组短语进行副词化。第三句话的句子开头用了代词“这”，在翻译之前一定要弄清楚代词所指代的含义。由上文可以看出，不管是“困难”“结果”或者“经济发展”都是过去一年的成就，因此在译文中加入了“achievements”。

对四字短语的处理上，要通过含义确定相对应的单词，进行意译“砥砺前行”就是继续向前走，也就是 force achead。

例 2：简政放权、放管结合、优化服务改革力度加大。

译文：Reforms to streamline administration and delegate power，improve regulation，and upgrade services were intensified.

分析：这句话主要讲到的是“改革”，也就是 reform，但是在改革之前用了三个四字短语进行修饰，并不是说改革怎么样，而是把改革的内容呈现了出来。在译文中调整了句子结构，把一系列改革，变成了改革的一系列内容，做了词性的调换。把简政放权的改革变成改革去简政放权，“放管结合”说到底就是制度改革，因此译为 improve regulation，“优化服务”也就是升级服务。句子的主干是“改革力度加大”，在英文中这句话就要用到被动语态，这种力度是人来给加大的，所以在句子中整体的语态是被动语态。

例 3：切实保障和改善民生，促进社会公平正义。

译文：We ensured and improved peoples wellbeing and upheld social fairness and justice.

分析：原文中这句话是没有主语的无主句，直接用“保障、改善、促进”三个动词做并列结构。在翻译中要加入句子的主语“we”使得句子更加完整。句子中的“民生”一词源于林肯的演讲“a new birth of freedom—and that government of the people，by the people，for the people，shall not perish from”，也就是后来人们讲到的“三民主义”，最后演变成了“民生”，也就是百姓的生计，生活幸福安康，那么用一个词 wellbeing 就可以表述这个意思。

例 4：做好今年政府工作，要以深化改革为强大动力，以调整结构为主攻方向，以改善民生为根本目的，统筹兼顾，突出重点，务求实效。

译文：To deliver a good performance in the work of the government this year，we need to deepen reform so as to create powerful impetus，carry out structural adjustment as our main priority，and make improving people’s wellbeing as our fundamental goal. We need to take a holistic approach，focus on key areas，and achieve solid progress.

分析：这句话是无主句，在翻译的时候加入了句子主语“we”。用“做好今年工作”开头，表达了讲这句话的目的，那么在英文中可以用作目的状语。接着用三个“以……为”，也就是用到了单个并列的“…as…”结构。最后用到三个四字短语“统筹兼顾、突出重点、务求实效”，这三个动作的内容也是“我们”做的，因此在翻译的时候也要加上主语。“统筹兼顾”就是用整体的方法，也就是 take a holistic approach；“突出重点”可以用到 focus on 的结构；“务求实效”就是最后的结果要达到一定的提高，因此用到 achieve solid progress。

例 5：推动服务贸易协定、政府采购协定、信息技术协定等谈判，加快环保、电子商务等新议题谈判。积极参与高标准自贸区建设，推进中美、中欧投资协定谈判，加快与韩国、澳大利亚、海湾合作委员会等自贸区谈判进程。

译文：We will strive to make progress in negotiations on agreements concerning trade in services，government procurement and information technology，and speed up negotiations on new areas such as environmental protection and e-commerce. We will actively participate in developing high-standard free trade areas；continue negotiations on investment agreements with the United States and the European Union，and accelerate free trade area negotiations with the Republic of Korea，Australia，and the Gulf Cooperation Council.

分析：本句也是典型的无主句结构，在翻译中加入了主语“我们”。在首句中出现的是一系列的“协定”和“谈判”，因此在翻译中做了省略和合并，用“agreements”和“negotiations”进行了替代。第二句话也是个无主句，体现了汉语的特点，用了一些列动词短句，在翻译中同样做到加“主语”、合并和省略翻译。

例 6：推进新型城镇化和农业现代化，促进城乡区域协调发展。缩小城乡区域差距，既是调整经济结构的重点，也是释放发展潜力的关键。

译文：We should make progress in new urbanization and agricultural modernization as well as in balancing development between urban and rural areas and between regions. Narrowing the gap between urban and rural areas and between regions is not only a key part of economic structural adjustment；it is also crucial for unleashing developmental potential.

分析：首先，这是政府类文体内的无主句，在翻译时加入主语。其次在句子和句子之间有个隐含的连接关系，首句的末尾“促进城乡发展”和第二句的“城乡差距”虽然出现了重复，但是是引领了不同的句子，而且在不同句子中所做的成分不同，不能直接用省略和合并的方法。因此，在译文中，正确的处理就是单独成立句子，独立翻译。

例 7：下一步，我们还要立足中国的基本国情，处理好市场与效率、发展与分配的关系，既要抓科学发展，把蛋糕做得更大，也要抓收入分配，把我们的蛋糕分得更好。

译文：Going forward，we will take into consideration China's realities. That will mean striking a balance between market and efficiency，and between development and distribution. China will boost its economy so that there is more to share. China will improve income distribution so that the increased economic benefits are shared as widely as possible.

分析：这句话由很多的短句子构成，在汉语中，有很多这样的表达。翻译这样的句子的关键就在于如何进行句子的划分。通过分析，我们能看出“立足中国国情”是要坚持的原则和指导思想，这个思想如何做呢？就是“处理好……关系”，最后要实现的一个目标就是“既要……也要”的并列结构。通过这样的细节分析，可以看出，这个句子意思划分就很明确了。这个句子是典型的政府报告类问题的句子，就是在一个句子中隐含了原则－作法－结果三步，译者需要做的就是对这样的句子层次的一个准确划分，这是做好翻译最关键的一步。

3．政府报告中中国特色用语的翻译

随着中国的日益崛起和发展，来中国经商、生活和工作的外籍人士越来越多，国内外对中国的关注也越来越多，其中关注的一个途径就是对政府文件报告的解读。政府文件报告体现的是政府工作的内容、导向和目标，不仅能向国内读者传达政府的信息和动态，同时也是外国人了解中国的一个途径。

好的政府报告文件的翻译体现的是一个国家的形象，因此在翻译的过程中，译者不仅要对政府文件有深入的理解，同时也要对报告的读者有大致的了解。随着政府工作的深入，每年的报告文本中都会出现与本年度相关的政治和时政热词，这些词都代表了一定程度的中国文化，那么对这些词的恰当翻译就使得中国文化可以“走出去”。因此，翻译中不仅是考虑文本本身字面的翻译，还要考虑到读者的可接受度。译者在对这些有中国特色的词句进行翻译的时候，要结合多种翻译策略，灵活运用。

(1) 直译。对于那些虽是中国特色，但是已经普及大众的东西就可以进行直译，这样译入语读者就可以不费功夫地读懂文本。

例 1：在过去五年中，互联网已经成为了中国人的生活方式，世界各地的外国人和中国人一起评选出中国的“新四大发明”，即网购、移动支付、高铁和共享单车。

译文：Over the past five years，China has embraced a life on-line．Some expacts here in China， as well as Chinese themselves have dubbed the phenomenon，China's “Four New Invention”，that is，on-line shopping，mobile payment，high-speed rail and bike-sharing.

分析：这一段中虽然“网购、移动支付、高铁和共享单车”被誉为是中国新四大发明，但是像网购或者共享单车在国外也有，移动支付中的支付宝在国外的一些地方也能看到，因此，可以说这些内容已经走向了国际化，在翻译中是可以采用直译的方法的。

例 2：垃圾分类

译文：garbage sorting

分析：在 2019 年 7 月通过了《上海市生活垃圾管理条例》，正式把垃圾分类作为人们日常的一部分。“垃圾分类”因此也逐渐成了新闻热点词汇。在英语中一共有如下几种常见词表示垃圾：garbage，rubbish，trash，wate，它们的侧重点有所不同。garbage 和 trashs 是美式英语，rubbish 是英式英语，waste 是无利用价值的垃圾。那么要进行分类，用 sort 比较好，有分门别类的含义。

例 3：认真开展“不忘初心，牢记使命”的主题教育。

译文：We will keep reminding ourselves of our commitment to our original aspiration and have our mission always in mind.

分析：这句话是无主句的政府文本句，在翻译的时候要加上主语“we”。“不忘初心，牢记使命”是习近平总书记在2017年春节团拜会上提出的，党员干部要牢记自己的责任和使命，勇于担当，走好我们当下的长征。这里的初心其实就是最初的想法，译为aspiration比较贴切。这句话用到了直译的翻译策略。

例4：倡导和推进共建“一带一路”。

译文：We have launched and worked with other countries in the Belt and Road Initiative.

分析：这句话是无主句，翻译的时候要加上主语“we”。“一带一路”是习近平主席就“丝绸之路经济带”和“21世纪海上丝绸之路”所提出的积极发展沿线国家经济合作伙伴关系，打造经济利益共同体。现在这个说法已经被大众所熟知，belt就是“地带、腰带”的意思，也就是沿线要走的地带，因此“一带一路”就可以直译the belt and road。在这句话中“共建”是我们和其他国家的共建，因此在翻译中也要补充上这个隐含的宾语。

例5：三严三实

译文：Three Stricts and Three Earnests (Three Stricts and Three Earnests refers to the need to be strict with oneself in practicing self-cultivation，using power，and exercising self-discipline；and to be earnest in one’s thinking，work，and behavior.)

分析：三严三实但从字面意思看，“三严”就是三个方面要严格，“三实”就是实实在在做到三个方面。这个短语的翻译用到直译法，不过在后面做出了解释，具体的“三严”指的是严以用权、严以修身、严以律己；而“三实”指的是谋事要实、创业要实、做人要实。由于都用到了重复，比如“严以”“要实”，因此在翻译中要用到省略和合并的方法。

例6：我们要不畏浮云遮望眼，善于拨云见日，把握历史规律，认清世界大势。

译文：We must not let our vision be blocked by floating clouds. Instead，we must dispel the clouds to see the sun，as we say in Chinese，so as to have a keen grasp of the law of history and the trend of the world.

分析：这句话中一共有四个句子，第一句话指的是我们不能做什么，第二句和后两句话说的是我们要做什么以及怎么做，因此可以把这个长句子根据句意划分成两部分。在第一句话中“浮云遮望眼”语出北宋王安石的诗《登飞来峰》，意思就是不要被浮云遮蔽了双眼，因此在翻译中直译就可以：“let our vision be blocked by floating clouds”。在第二句话中“善于拨云见日”总起全句，点明要做的方向和原则。“拨云见日”本身就是很具象的一个表达，因此就可以直译。在这句话中“把握……”和“认清……”就是最终的一个目的，因此要把句子和句子之间的逻辑关系呈现出来，就加了 so as to。

例 7：加大“僵尸企业”破产清算和重整力度，做好职工安置和债务处置。

译文：We will strengthen work on “zombie enterprise” bankruptcy liquidations and reorganization，and ensure that affected employees are given assistance and debts are dealt with.

分析：这句话中出现了“僵尸”，也就是说这样的企业已经不能存活，属于破产或者已经破产阶段。那么在翻译中，按照直译的方法，译为 zombie 比 break up 更加形象一些，而且忠实于原文的说法。

(2) 意译。有关于中国特色的词语或者句式，有时候是存在于一定的语境中，有时候是带有文化特色的，因此单纯的字面表述可能无法向译入语读者解释清楚，这时候就要用到意译法。通过不拘泥于原文语言结构特点，但翻译出原文内容的翻译方法把句子翻译出来。

例 1：天道酬勤，春华秋实。中国人民坚持聚精会神搞建设、坚持改革开放不动摇，持之以恒，锲而不舍，推动中国发生了翻天覆地的变化。

译文：Heaven rewards those who work hard，and flowers in spring come to fruition in autumn. The focused endeavor in national development and unwavering commitment to reform and opening-up of the Chinese people have brought enormous changes to the country.

分析：这句话中用到了“天道酬勤、春华秋实”，在英文中无法做到直译，因此先了解句意。“天道酬勤”就是说只要你付出努力，就应该得到回报。这里的“天”指上天、老天、上帝等都可以。因此译为 Heaven rewards those who work hard。“春华秋实”指万事都有因果，比如春天播种、秋天收获。在翻译中遵循了后者，让读者能更好地明白这层因果关系。

例 2：“天行有常”“应之以治则吉”。中国进行改革开放，顺应了中国人民要发展、要创新、要美好生活的历史要求，契合了世界各国人民要发展、要合作、要和平生活的时代潮流。

译文：An ancient Chinese classic teaches that heaven has its own law and those who embrace it will prosper. China's reform and opening-up meets its people's aspiration for development, innovation and a better life. It also meets the global trend toward development, cooperation and peace.

分析：这句话开头用到了荀子说的“天行有常，不为尧存，不为桀亡”，也就是说天道的运行不会因为尧的贤明而存在，也不因为桀的残暴而灭亡，也就是不以人的意志为转移。“应之以治则吉”就是用正确的治理措施适应大自然的规律。在译文中用了较为简单的“heaven has its own law and those who embrace it will prosper”，就是上天有自己的自然规律，遵循它的人就会成功。第二句话讲到中国改革开放的时候，讲到了国内和国外两方面，因此在译文中把句子切割成两个小分句，即国内是顺应了人们的要求，国外也契合了发展的潮流。

例 3：中国的先人们早在 2 500 多年前就认识到：“苟利于民，不必法古；苟周于事，不必循俗”。

译文：A Chinese philosopher recognized as early as over 2,500 years ago that one doesn't have to follow a beaten path if he wishes to benefit the people and one doesn't have to observe old conventions if he wishes to get things done.

分析：习近平在讲话中引用了“苟利于民，不必法古；苟周于事，不必循俗”。语出汉代刘安的《淮南子》，意思是说只要是对人们好的，不一定要效仿古代的做法；只要可以让事情成功，也不必遵循旧的习俗。这里其实是说明改革的重要性，不创新终究是会被淘汰的。了解了句子意思，再进行翻译就简单多了，译文为“one doesn’t have to follow a beaten path if he wishes to benefit the people and one doesn’'t have to observe old conventions if he wishes to get things done”，基本上是按照句子意思翻译下来的，用了两个 if 引导的条件句。

例 4：树立绿水青山就是金山银山理念，以前所未有的决心和力度加强生态环境保护。

译文：We have established the notion that lucid waters and lush mountains are invaluable assets and acted with resolve and intensity as never before to strengthen environmental protection.

分析："青山绿水就是金山银山"指的是好的环境就是我们最大的财富，这里的青山绿水用了直译的手法，译为 lucid waters and lush mountains；而金山银山就是财富 invaluable assets。后半句话中出现了四字短语"前所未有"，这个短语的含义从字面上就能看出来，用介词短语来翻译就很适合：as never before。

例 5：对各类侵害消费者权益的行为，要依法惩处、绝不姑息。

译文：All types of behavior that infringe on consumers’ rights and interests will be punished in accordance with law without leniency.

分析：这句话的四字成语"绝不姑息"的含义就是不能仁慈，必须惩处。在译文中用到了一个介词短语进行意译：without leniency。消费者权益指的是权利和利益：rights and interests。

(3) 释译。释译，顾明思义就是解释说地翻译，也就是把文字本身呈现不出来的背后内容，通过解释的方法，翻译出来。

例 1：全面加强党风廉政建设。推进"两学一做"学习教育常态化制度化。

译文：All initiatives to improve Party conduct and ensure clean government will be strengthened. All Party members should gain a good command of the Party Constitution，Party regulations，and General Secretary Xi Jinping’s major policy addresses，and met Party standard.

分析：这个句子中的"两学一做"是目前在习近平领导下全体共产党员都要做到的常态化学习，不仅是译入语读者，有时候可能中文读者也不是很清楚什么是两学一做。在这样的情况下，译者就需要把这个字面意思背后的内容翻译出来。通过资料查证，“两学一做”是指学习党章党规，学习习近平系列讲话等，能够做合格党员。因此在翻译中把“两学一做”进行了展开说明：“All Party members should gain a good command of the Party Constitution，Party regulations，and General Secretary Xi Jinping’s major policy addresses，and met Party standard.”。

例 2：坚决贯彻落实党中央八项规定及实施细则精神，驰而不息整治“四风”，特别是形式主义、官僚主义。

译文：We must resolutely put into action the central Party leadership’s eight-point decision on improving conduct and staying engaged with the people and its detailed rules for implementation. We should work ceaselessly to address the practice of formalities for formalities’ sake，bureaucratism，hedonism，and extravagance，with particular focus on seeing the first two stamped out.

分析：这句话中出现了大家熟悉的“四风”，不能简单地译为“four winds”，对于译入语读者而言会一头雾水，这个时候就要对文件背后的内容作出解释。通过资料查证，纠正四风问题，就是要解决形式主义、官僚主义、享乐主义和奢靡之风这四大作风问题，“风”取自于作风。因此在翻译的时候就要交代清楚这四大作风，即 the practice of formalities for formalities’ sake，bureaucratism，hedonism，and extravagance。句子中出现了四字成语“驰而不息”，意思是奔驰而不停止，在译文中用了 ceaselessly 做了对应。

例 3：扎实推进“三去一降一补”。

译文：Solid work has moved us forward in the five priority tasks of cutting overcapacity，reducing excess inventory，deleveraging，lowering costs，and strengthening areas of weakness.

分析：这句话中出现的“三去一降一补”是习近平总书记根据供给侧结构性改革提出的，是指去产能、去库存、去杠杆、降成本、补短板等五大任务。在翻译中要对这五大任务做个详细解释。而且在“三去”中用了不同的动词 cut 和 reduce，“补短板”并不是补，而是加强，因此用了 strengthen 做动词。

例 4：推进农村承包地“三权”分置改革、确权面积超过 80%，改革重要农产品收储制度。

译文：We have pursed reform to separate rural land ownership rights，contract rights，and use rights，and already seen that over 80 percent of contracted rural land covered by this reform.

分析：这句话中提到了“三权”分置改革，对于读者而言，如果不加以解释他们很难清楚是哪三权，因此在译文中用了释译的手法，把三权解释为土地的承包权、拥有权和经营权，即 rural land ownership rights，contract rights，and use rights

例 5：继续阶段性降低企业“五险一金”缴费比例。

译文：We will continue the policy of lowering the share paid by businesses for contributions to old-age pension，medical insurance，unemployment insurance，workers' compensation，maternity insurance，and housing provident fund schemes for the time being.

分析：“五险一金”是我们在日常生活中对养老保险、医疗保险、失业保险、工伤保险、生育保险和住房公积金的简称。对于外语读者而言，如果不加以解释，他们很难理解是什么险什么金，因此在译文中采用了释译的方法。而且这句话本身是无主句，在翻译中也要加入相应的主语 we。

(4) 省略法。省略法就是在原文中出现了相同的内容，或者是重复强调，或者是展开说明。在翻译中就需要把这些重复内容省略一部分，在译文中避免重复。

例 1：建立困难和重度残疾人“两项补贴”制度，惠及 2 100 万人。

译文：We have put in place a system to provide living allowances for people with disabilities in financial difficulty and nursing care subsidies for people with serious disabilities，a system that has benefited over 21 million people.

分析：这句话中出现了“两项补贴”，可能读者在阅读中乍一看不知道何为两项补贴，但是在原文中前面就已经把两项补贴的内容交代了出来，即建立困难和重度残疾人的补贴。因此，在翻译中，可以把“补贴”当作主干，把补贴的内容作为修饰语，放在这个词前面。在后半句话中说到“惠及”，那么谁来惠及呢？就是前半部分的制度。因此，翻译时，可以单独成立一个句子，也可以作为前半句话宾语的同位语进行说明。

例 2：创新和加强事中事后监管，实行“双随机、一公开”，随机抽取检查人员和检查对象，及时公开查处结果。

译文：We have developed new and better ways of conducting compliance oversight，and introduced a new model of oversight combining randomly selected inspectors who inspect randomly selected entities and the prompt release of results.

分析：本句话中出现了“双随机、一公开”，但是紧接着用句子做了解释说明，那么在这个句子原文中就出现了重复。在相应的译文中，为了避免重复，就要用到省略法，直接对随机和公开的内容进行呈现就可以了。

4.2.3 文学翻译

1．文学文本分析

(1) 中国文学的特点。中国文学分为古典文学、现代文学和当代文学。古典文学主要以唐诗宋词和四大名著为代表；现代文学是以鲁迅小说为代表；当代文学是以具有独立思想的中国自由文学为标志。

从体裁上来看，文学主要有诗赋、词曲、小说和散文四大部分。文学是一种语言艺术形式，主要有三个特点，即文化性、历史性和现实性。首先，文学反映的是一个国家或者社会或者地域的文化特点，是用语言的特点来表达文化特点的一种手段；其次，文化传承的是社会发展中的一部分历史，是对这段历史的记录和侧面反映；第三，文学是对现实事物的虚拟勾画，或散文或小说或诗歌，都是对现实世界的一个反映。

随着信息化的发展和习近平总书记“一带一路”思想的倡议，在中西方交流中，在中西方文化的碰撞中，需要提高我国文化的影响力。文化的交流有很大一部分是通过文学作品进行的。因此，好的翻译作品能够把我们国家的文化传播出去，让更多的人了解中国，提高我国的文化影响力。在新的历史下中国文化自信是我们文化建设的进步。在这个多元化的世界中，在五千年文化积淀下，做到对中国文学作品的正确理解才能够用独特的眼光对文学作品进行甄选和翻译，才能让大众认识和理解到我国博大精深的文化。

我国文学作品英译的特点主要有以下几个方面：第一，中国文学作品的翻译呈现出微观和宏观相结合的特点。对于一类文学作品的翻译和研究，就会呈现出在沿着时间轴进行的纵向研究和沿着某一个思路展开的横向研究。第二，作家或者作品知名度的高低也影响到了译者的翻译范围。比如自 2012 年莫言获得诺贝尔文学奖之后，他的作品就成了译者们争相翻译的热点。第三，中国文学作品的英译呈现出多种题材化。一方面，中国的文学作品历来都是涉及题材宽泛、数量庞大。译者们针对这一点也是做到了翻译数量大、题材宽泛，这样能让更多的西方读者认识和了解中国的文学作品。第四，古典文学和现代文学都受到译者的青睐。在翻译作品中，不光是现当代的文学作品让译者们喜欢，就连古典文学作品也让译者们爱不释手。这样，西方读者能够了解到中国文学的一致性和传承性。

(2) 英美文学的特点。纵观整个英美史，英国悠久的发展历史对英国文学的创作有着深远的影响。英国是个古老的有着悠久历史的欧洲国家，在其慢慢的发展长河中，形成了鲜明的浓重的宗教文化，因此英国文学在自身生长的土壤中加入了浓厚的宗教色彩和地域特色。最初以小说为主要形式的英国文学，在后期的发展中，写实文学和戏剧都得到了突飞猛进的发展。英国的文化历经了悠久历史的沉淀，对传统文化的继承使得英国文学在很大程度上显现了传统文化的影子，有一定程度的保守。

与英国厚重的历史相比较，美国文学呈现出文化碰撞的多样性。由于建国时间较短，移民人数较多，这个地方就像一个文化的大熔炉，接纳了来自于五湖四海的、肤色各异的人种，因此在其文学创作中就呈现了很大的创造性和包容性。虽然美国英语承袭于英国英语，但因其外来移民等特点，使得美国英语在一定程度上有明显的创新表现。在文学中本着更加开放、多元化文化的融入，美国文学有着很大的个性化特点。

英美文学作品，无论是诗歌还是小说都延续了一定的美学特征。第一，是语言上的美，主要体现在语言的音韵上，尤其是诗歌，做到先后呼应。主要有押头韵、尾韵和中间韵等。常见的押头韵是一行中的几个以辅音开头的词相同，形成押韵。比如 sing no sad songs for me 中的 sad，songs 都是辅音 s 开头，形成押韵，读起来朗朗上口。第二，英美文学作品的美也体现在意境上。也就是说，读者在阅读的过程中，会自动形成画面感，让读者体会到作品的意境美。这样的意境不光体现在背景上，还有情节的安排，人物的刻画以及语言动作的整合加工等。第三，文学作品结构精巧、语言缜密、意境深远，勾勒出很美的结构。第四，文学作品的人性美。人物是文学作品的主要构造之一，通过人物刻画，反映出一定的现实生活情境，同时也带有一定的文学教育价值。第五，悲剧之美。文学作品不是都有美好的结局，也不是都反映美好生活的。生活千姿百态，在文学作品中也是展现得淋漓尽致。读者在阅读中能跟随人物心理、情节的跌宕起伏来体验悲剧作品的情感描写，体验悲剧之美。

2. 文学文本翻译策略

(1) 文学作品翻译的影响因素。

1) 地域文化因素。国与国之间地理位置的不同，导致了在不同国家气候、环境、海拔等的不同。在不同环境下的人们的生活环境、生活习俗都不相同。比如，中国所处的地理环境得天独厚，气候宜人、地势平坦，这样的环境为农业的发展提供了先天优越的沃土，因此造就了中国这样的农业大国。而在这样的环境中居住的人们，拥有的文化发展的物质基础，也形成了人们求实入世的生活态度。人们懂得“种瓜得瓜、种豆得豆”的道理。这样重实际的想法就来源于人们生活的这片沃土。

同时，复杂多变的地形和气候也形成了具有鲜明色彩的地域文化。比如我们所熟知的巴蜀文化、岭南文化等。比较有特色的属巴蜀文化，四川这个地方自然条件优越、物产丰富，这片沃土给与了人们生活所必须的条件和物质基础，因此居住在这片土地上的人们就形成了不愿走出去，活得自在的生活状态。

英国的地理分为大不列颠岛、爱尔兰岛东北部的北爱尔兰和周围很多小岛构成的四面环海的群岛国家。这样独特的地理位置给了英国人独有的海洋冒险精神。与海相关的海洋文学也成为英国文学中一类独特的风景。海洋的探秘、对海洋的征服使得文学的内容更有阅读性。比如《鲁滨逊漂流记》在英国文学中就有着很重要的地位，而英国的航海类文学作品是其他国家都无法企及的。因南北战争，在美国广阔的地图板块上，城市化进展迅速。同时有关乡村社会的小说也在不断发展。在这一类小说中，因战争所反映出来的地区、种族和性别等的差异和矛盾赤裸裸地展现了出来。

2) 语境文化因素。文学是在语境文化的熏陶下成长出来的，因此语境文化对文学的影响有着很重要的作用。文学作品的创作与作者生活的时代背景、政治背景和生活环境都息息相关。而对这些文学作品的翻译，不仅要了解作者生活的背景、历史背景，同时还要探寻这些国家以及地区的语境文化。在文学的翻译中，涉及三个方面的语境文化，即原著作者语境文化、译者语境文化、读者语境文化等三方面对文学翻译的影响。

我们在阅读作品的时候，会发现一部作品有时候就是一个时代的缩影。一部作品中反映了作者所处的历史时代和政治环境，以及语境文化。比如《汤姆叔叔的小屋》就以作者斯托夫人所处的历史时期，美国的南北战争为主要的历史背景，结合当时社会买卖奴隶这样稀疏平常的事情为事件展开。正是这样一种特殊的语境文化，导致了后来的美国南北战争。因此，译者在翻译这样一部作品的时候就要先了解原著作者和作者所生活的语境文化。再比如，莫言的作品《蛙》，主要以新中国成立后的 60 年代农村生育史为背景，生动体现了计划生育在当时中国农村高密艰难推行的一个过程。如果不了解当时的历史背景，不清楚作者的文化语境，是很难理解和翻译这样一部文学巨著的。这就是原著作者语境文化对文学的影响。

除了原著作者语境文化外，译者的语境文化对文学作品的翻译也有很大的影响。译者作为文学作品传播的媒介，在翻译的过程免不了就要对原著作者的文化语境和自己生活的文化语境做对比。比如，习俗的差异、环境的差异、语言思维的差异等。

读者的语境文化也对文化作品的翻译有一定的影响。读者一直以来生活的环境、接受的教育、自身的成长经历等都是读者的语境文化。因此译者在翻译中要考虑到翻译作品的读者是谁，读者是怎么样的一个群体，是否有礼仪习惯的差异等。因此，在考虑到这样的读者语境文化后，译者会不自主地把读者的情况加入到翻译中。比如，儿童文学的翻译，作为译者就要考虑到他的读者是儿童这样一个特殊群体。因此，在译文中要考虑到这些小读者的语言习惯、文化积淀以及他们的理解力等，要站在儿童的角度上去做儿童文学的翻译。

3) 逻辑语言因素。文学作品依赖于作者的思维创作，而作者的逻辑思维也影响到了语言的表达。逻辑思维的形成是一个民族和地区长久历史发展所形成的，非一朝一夕就能改变。一个民族语言的结构特点也是在逻辑思维的影响下形成的。

东方民族以集体主义为核心，强调集体利益高于个人利益。中国语言中的“主谓宾”为主要特点，但是也存在“谓”语结构的主要句式。西方文化以个人主义为主，强调个人的发展，个人是一切行为的中心，尊重差异，凸显个性。以名字为例，中国人的名字是姓在前名在后，姓承载的是一个家族长久的历史和文化传承，在任何情况下都以你拥有了这个姓，一辈子的言行举止都要尊重这个姓。西方国家是名在前姓在后，强调个人差异，体现了个人利益高于集体利益，无论何时做任何事情，都要个人负责，不涉及整个家族。

这样的逻辑思维和语言架构使得作者在构思文学作品的时候也有所不同。不同语言架构使中西方文学翻译也显得比较困难。正如莫言说的那样，他有一个梦，就是把曾经翻译过自己作品的翻译家们都请到高密，让他们真实感受一下这里的生活氛围。文学作品是了解一个国家生活状态最好的媒介。

4) 人文宗教因素。宗教文化是每个民族不可或缺的文化之一。无论你是生活在怎样的生活环境中，宗教信仰是人类所特有的。从最早人类的图腾膜拜，到后来佛教、基督教、伊斯兰教等各个宗教的发展和繁荣，人类需要信仰，无论何时何地。西方人的宗教思想的主要体现就在于《圣经》，宗教思想影响到西方人文、科技、历史等各个领域。西方人通过“耶稣”，在日常生活和文学作品中就会出现“祷告”“神父”“上帝”等词汇来体现其宗教信仰。对于东方人，尤其是中国人，有一部分是无神论的，有一部分是信佛教的，所以在汉语中或者汉语的文学作品中会看到“临时抱佛脚”等词汇，即便是无神论的中国人，通过长时间的佛教文化的熏陶，在生活中也会自然地说出这些词汇。

由于宗教的影响，就出现了中西方文化之间的禁忌。比如，西方人比较忌讳“黑猫”，认为其比较邪恶，是邪恶的象征，但是在中国文化中没有。中国文化中的“黑猫警长”是勇敢、机警、抓坏人的勇士。

由于不同的宗教文化在不同人生活中影响的深度和广度的不同，因此在文学作品的翻译中，不自觉地就影响到了文学作品的翻译。因此，译者在文学作品的翻译中，也要注意宗教的影响。

(2) 诗歌翻译。诗歌是文化发展的产物。中国的古典诗词中蕴含了丰富的文化内涵和文化意象。这样的意象让读者读来能呈现出一幅生动的画面，同时还能抒发诗人的情感。对中国诗歌意象的翻译是翻译中最难的。

根据意象种类的不同，在诗歌翻译中可以分为三类，即描述意象、修辞意象和象征意象。作者通过意象的描述来传达自己的感情特点，这个意象也让诗歌更加具有诗意之美。

诗歌的语言是最精炼、最复杂而又最具有代表性的语言，比其他形式的翻译实践更能集中地表现出对语言技巧的理解、把握与处理。诗歌翻译的关键最终要落实到语言技巧处理问题上，尤其是各种意象的处理。

1) 对中国诗歌中的意象之美的翻译策略，主要有以下几个方面。

第一个是保留策略。如果诗歌中的意象能够引起译入语读者的共鸣，或者在译入语读者中也有同样的意象，那么就要采取保留策略，让译入语读者也感受到诗歌意象中的美。

例 1：新月与愁烟，满江天。

译文：The dreary mist viels the new moon，outspread in the sky over the stream.

分析：这是苏轼的《昭君愁》里面的句子，营造了一个孤寂凄迷的意境。夜深人静之时，不知是谁吹奏起优美的古曲，一弯孤单的新月，弥漫江天的烟愁。这里的新月、烟愁、江等都保留了下来，因为这些意象在东西方文化中都存在。

例 2：枕前发尽千般愿，要休且待青山烂。水面上秤锤浮，且待黄河彻底枯。

译文：On the pillow we make a thousand vows，and say our love will last unless green mountains rot away. On the water can float a lump of lead，the Yellow River dries up to the very bed.

分析：这首诗出自《菩萨蛮·枕前发尽千般愿》，这首诗没有文人词深曲婉的风格和汉语的神韵，但是在写作风格上运用了铺排、衬字，表意泼辣直露，好似元曲。

例 3：少小离家老大回，乡音未改鬓毛衰。儿童相见不相识，笑问客从何处来。

译文：Old，I return to the homeland while young，

Thinner has grown my hair，though I speak the same tongue.

My children，whom I meet，do not know am I.

Where are you from，dear sir，they ask with beaming eye.

分析：这首诗是贺知章的《回乡偶书》，文中用到了一些意象，比如“少小”“老大”“乡音”“鬓毛”等，都是一些生活中常见的事物，因此在翻译中可以尽享直译，要保留这些意象。只不过根据语言结构的不同，一些名词就替换成形容词或者动词结构。

例 4：离别家乡岁月多，近来人事半消磨。惟有门前镜湖水，春风不改旧时波。

译文：Since I left my homeland，so many years has passed，

So such has faded away and so little can last.

Only in Mirror Lake before my very door，

The vernal wind still ripples the water as before.

分析：这是贺知章《回乡偶书》的第二首，大意是：离开了家乡很多年，回到家后才发现家乡变化了很多。只有门前的镜湖水随着春风掀起一圈圈的涟漪，还是以前的样子。这首诗中的意象有“人事半消磨”“镜湖水”“春风”等意象在译文中都保留了下来，这些意象在中西方语言中都存在，不必特意找寻其他词来替代。

例 5：春眠不觉晓，处处闻啼鸟。夜来风雨声，花落知多少。

译文：This spring morning in bed I’m lying，

Not to awake till birds are crying.

After one night of wind and showers，

How many are the fallen flowers?

分析：这首诗是孟浩然的《春晓》，主要描写春天的景象，通过视觉、听觉的描述，写到了春天清晨经历了一夜刮风下雨后的景色。在原诗文中描写到了“春眠”“啼鸟”“风雨声”“花落”等意象，在译文中都保留了下来。在原诗的最后一句，作者提出发问“花落知多少”，在译文中用了相应的问句“How many are the fallen flowers？”来回应。

第二个是代替策略，就是用译入语语言中相近的意象来代替原语诗歌中的意象。这样的处理方法，能让外国读者感受到原文中的意象，避免造成因文化差异而产生的误解。

例 1：黄沙百战穿金甲，不破楼兰终不还。

译文：We will not leave the desert till we beat the foe，

Although in war our golden armour be outworn.

分析：这两句诗出自唐代诗人王昌龄的《从军行》，大意是：将士们身着铠甲，身经百战，不打败敌人不回家。在这句诗中的意象有“金甲”“楼兰”，在译文中对应了 golden armour，desert，这里的楼兰用“desert”来指代。楼兰古城在地球上已经消失，沙漠中漫漫黄沙已经找不到楼兰城的存在。那么楼兰城是否真的存在过？还是只是一个传说？对于译入语读者而言，他们根本无从知晓楼兰，因此用了 desert 来指代战场的位置。如果根据原文译为“楼兰”，可能还需要对译入语读者做解释和说明。

例 2：枯藤老树昏鸦，小桥流水人家。古道西风瘦马，夕阳西下，断肠人在天涯。

译文：Wreathed with rotten vines fly evening crows；

Under a small bridge near a cottage a stream flows；

On ancient road in the west wind a lean horse goes.

Westward declines the sun；Far，far from home is the heartbroken one.

分析：这首诗是马致远的《秋思》，在这首诗中用到了一系列的意象，给读者展现了一幅夜半黄昏后，凄寒的夜里的景象。像“枯藤”“老树”“昏鸦”“小桥”

“流水”“人家”都是一些夕阳西下凄凉的景象，“断肠人”用了夸张的手法，对应到英文中就是指那些伤心了的人，所以用到了 heartbroken 来代替。

第三个是用增译、省略等其他手法。虽然说，在翻译中，为了忠实于原文，要尽量少地对原文内容进行改动，但是，因中西方文化语言的差异，有一些诗歌意象在译入语语言中无法找到对等的翻译，那么这个时候就要采取增译、省略、合并等策略。

例 1：欲穷千里目，更上一层楼。

译文：You can enjoy a great sight By climbing to a greater height.

分析：这句诗的意思是：要想看到更远的美景，那就要再登上一层楼。这句话在原诗中就加入了夸张的手法“千里”，在译文中用了“a great sight”来代替，就是美景的意思，这里是省略的译法，原文属夸张，译文中也不能直接写一千里。

例 2：生当作人杰，死亦为鬼雄。至今思项羽，不肯过江东。

译文：Be man of men while you are alive;

Be soul of sould though you are dead!

Think of XiangYu who’s not survive，

His men，whose blood for him was shed.

分析：这首诗是李清照的《夏日绝句》，大意是：活着的时候就要做人中豪杰，死了也要做鬼中英雄。就在今天，人们还思念项羽，他不苟且偷生回到江东。在译文中对“人杰”和“鬼雄”的处理用了 man of men，soul of souls，体现出了人中之人，鬼中英雄。文中最后一句是叙述的一句话，表达了项羽的豪情壮志。在译文中用了“His men，whose blood for him was shed.”来意译，并没有说出来江东，而是说他的将士们都为他流血牺牲了。

2) 诗歌是通过文字来表现和传达视觉、听觉、味觉以及其他思维感受的。诗歌是通过“歌”来传递情感的。诗歌的声音和节奏突出体现在音律上，而押韵就是诗歌音律的体现。押韵用两个或者两个以上相同或者相近的元音或者辅音上下相叠的文字规律。在这一点上，汉语和英语的押韵规律基本一致，都是在行间或者行尾进行押韵。

诗歌翻译中要做到押韵对应，是最难的。译者在处理押韵时，需要注意的不是找寻单词某部位拼写一致，而是要找某部分的发音一致。这就需要在众多同义词汇中，寻找最恰当的那一个。

例：连理无分影，同心岂独芳？

傍檐巢翡翠，临水宿鸳鸯。

叶叶含春思，枝枝向画廊。

君情若比树，妾意复何伤？

译文：Trees with their branches intertwined，

Give the scent with truelove knot affined.

At the eaves nestles the kingfisher's plumage，

By the stream rest loving-birds of sitting image.

Every leaf latent with the dreams in spring，

And each twig springs up like corridor painting.

Your love is compared to that tree，

And what pathetic sad would you see.

分析：原文中每一行最后一个字押韵，即“芳”对应“鸯”，“廊”对应“伤”，都是根据汉语拼音发音的韵母一致，因而构成了押韵，也就是“aabb”结构。

译文中每两行押韵，第一、二行 intertwined 和 affined 中的 ined 押韵，第三、四行 plumage 和 image 中的 age 押韵，第五、六行 spring 和 painting 中的 ing 押韵，最后两行的 tree 和 see 中的 ee 押韵，因此构成了“aabbccdd”结构，对照原文也是每两行押韵，在韵律上做到了一致。

3) 诗歌一般都是五字或者七字结构，每一行诗都说明的是一个意向或者一个意思，但是在翻译到英文中，有时候需要做结构的调整，即某两行诗的位置有时候要发生变动。

例 1：青海长云暗雪山，古城遥望玉门关。黄沙百战穿金甲，不破楼兰终不还。

译文：Clouds on frontier have darkened mountains clad in snow;

The town with Gate of Jade stands far away，forlorn.

We will not leave the desert till we beat the foe,

Although in war our golden armour be outworn.

分析：这首诗是唐代诗人王昌龄的《从军行》，大意是：青海上一片乌云使得雪山也黯淡无光，古城和玉门关遥遥相对，守关的将士们身着铠甲，身经百战，不把敌人打败了不回家。最后两句话在逻辑上是让步状语的关系，在译文中适合把原文的第三句放到最后。

例 2：床前明月光，疑是地上霜。举头望明月，低头思故乡。

译文：Before my bed a pool of night，

Can it be hoarfrost on the ground?

Looking up，I find the moon bright；

Bowing，In homesickness I'm drowned.

分析：这是李白的《静夜思》，大意是：一个人坐在床头，看到窗外的明月照在床头，好像地面上铺了一层霜。抬起头看到明月，低头后是对故乡的深深思念。文中用到了一些意象“明月”“霜”等，在译文中都进行了保留。并且在译文中用到了押韵，如 night 和 bright，ground 和 drowned，用了“abab”押韵的手法。

4) 异化翻译策略。有的诗歌翻译，尤其是英文诗歌的翻译，在文化价值观偏离主义的压力下，既要保留原语作者要表达的意境、文化价值、思维方式、修辞等手法，同时也要保存异国风情的味道让读者在阅读中感受异国文化的魅力。作为译者，在忠实于原文的基础上，要尽量传递异域文化特色，使语言更加完美。

例 1：Now welcome summer with thy sunshine soft.

This wintry weather thou will overtake.

And drive away the night so long and blank.

Saint Valentine thou who art crowned aloft.

The little birds are singing fire thy sake.

译文：欢迎你，夏天，用你柔和的阳光，

压倒冬日的严寒，

驱走那漆黑漫长的夜晚。

圣瓦伦丁河啊，你戴着王冠高高在上，

小鸟在为你歌唱。

分析：这首小诗节选于英国诗人杰佛里・乔叟的 *The Bird's Rondel*，诗中描写了因为夏天的到来，鸟儿们欢快歌唱，用柔和的阳光驱赶了冬日的严寒的欢快情景。原文诗歌中 Sanit Valentine(圣瓦伦丁河)，译文中对这个词语的翻译做了保留，用了音译的手法，这样的做法能让译入语读者感受到异域风景，展现出这样一条河流的画面。

例 2：I remember you as you were in the last autumn.

You were the grey beret and the still heart.

In your eyes the flames of the twilight fought on.

And the leaves fell in the water of your soul.

译文：我记得你在去年秋天的样子。

你像灰色的贝雷帽和宁静的心。

黄昏的火苗在你的眼睛里纠缠。

叶子飘落在你灵魂的水面。

分析：这首诗节选于 *I Remember You As You Were*，这是一首爱情诗，当作者还是个少年的时候认识了一个名叫艾尔贝缇娜的女孩，两人相恋，但一年之后分开。作者通过怀念去年的女孩的样子，比如贝雷帽、令人迷恋的眼睛、秋日的风景等，表达了对爱人的思念。在文中出现了意象 grey beret，也就是贝雷帽，这是一种软质无檐的帽子，是一些国家和军队人员的标志，在译文中也做了保留，带给读者一种异域风情。

(3) 小说翻译。小说是以刻画人物为中心，以故事情节为导线的一种反映生活状态的文学体裁。小说一般有三要素：人物、情节和环境。根据篇幅的长短分为小小说、短篇小说、中篇小说和长篇小说。与其他文学样式相比，小说的容量较大，能够通过故事情节细致地展现人物性格和人物命运。一部小说融合了作者的生存环境和文化，自然而然地带有一定的地域特征。因此，小说的翻译，不光是语言之间的对等，还包括文化、习俗等的翻译。

1) 小说中称谓语和人名的翻译。姓名是每个人生存的符号，姓名的背后隐含了一个民族的语言、文化、宗教等信息。中国人比较重视姓，中国人名的排列规律就是：姓+名。姓代表的是一个大的家族，一个集体，一个有着共同的血缘关系、荣辱与共的一群人。而名则是独立的个体，中国的名强调不能与祖辈相同，否则是对先祖不敬。在传统的中国，但凡是有名望、有地位的家族都会有祠堂，里面供奉的是一个家族从有记载起的几辈人。由此可见，中国人对集体利益的重视程度，对于这个“姓”的重视。比如，当有人犯了错误，家族长辈可能会责骂：你给祖宗丢脸！你不配姓……这就是最大程度的惩罚了。

西方人的名字排列顺序是，名在前，姓在后。西方国家强调每个人都是独立的个体，都是独一无二、与众不同的，尊重并欣赏每个独立个体的不同点。

在中国的传统文化中，封建社会重男轻女、男尊女卑。因此在很多场合下，女性是没有自己独立的姓名的。在日常的交往中，亲友邻里会用其丈夫的名加上表示尊敬的称谓来呼唤已婚妇女，比如：祥林嫂、阿庆嫂等。

在西方国家，女子结婚以后就要用丈夫的姓。比如 Marie White 与 John Brown 结婚，婚后女方的名字就称为 Marie Brown.

除了名字不同外，在不同国家的称谓语也不一样。在西方国家的称谓语只是表示一种辈分称呼，并不在日常生活中使用。比如 uncle，但凡是舅舅、叔叔、姨夫、姑父、大伯一类的同辈人都是 uncle，无大小之分，在日常生活中也不这样叫。尊重个体的西方国家是以名字来区分每个人，这一点，对汉语读者而言，会觉得不受尊敬、没有礼貌。

中华民族素有“礼仪之邦”的美誉，因此在长幼排辈方面做得就比较全面。对于亲属之间、邻里之间都有特定的称谓。讲辈分，长幼有序的礼仪不能丢。比如，见了长辈要有尊称，有爷爷、奶奶、叔叔等，不可以直呼其名。即便是没有血缘关系的长者，也要按辈分给与称呼。

A. 小说中人名的文化内涵。小说是作家经过细致琢磨才产生的作品，里面人物的架构、人物的名字都是经过细致考量的。有的人名展现的是人物的性格、有的人名展现的是人物命运，有的体现的是作家的爱恨情仇。因此，从主人公的人名中，就可以对小说理解几分。

比如，中国四大名著之一的《红楼梦》，其中人物可谓是纷繁复杂，如贾宝玉(假宝玉)、贾雨村(假语存)、甄士隐(真事隐)、元春、迎春、探春、惜春的贾家四姐妹(原应叹息)，这些人的命运和性格其实都是暗含在自己的名字当中的。

再如，英国小说《名利场》，主要人物为 Sharp 和 Amelia，在英文中 sharp 的本来含义就是尖锐、尖刻，这个人物塑造的是一个自私而奸诈的女人，amelia 本意是勤劳，这个人物也是个勤劳善良的女孩。这样的两个名字把人物性格展现得淋漓尽致。

在很多小说中的人物名字，已经超出了小说的范围，是带了某一种命运或者性格的人物。在实际语言的应用中，有时候已经不止是人那么简单了。

比如，在汉语中鲁迅写的“阿 Q”，这个人物在日常中常被人提起，指的是有着“自欺欺人”行为的人。有时候人们也会说，你可真林黛玉啊！用来形容这个人病恹恹、弱不禁风的样子。

例 1：I am no Hamlet.

译文：我不再犹豫。

分析：*Hamlet* 是莎士比亚笔下所创作的四大悲剧之一。在这部小说中，Hamlet 的叔叔残害了其父亲，夺得了皇位，并且娶了他的母亲。因此 Hamlet 要向他的叔叔复仇。但生性慈悲的 Hamlet 在复仇之路上有众多犹豫，以至于最出名的一句话就是“to be or not to be，that is a question”. 其中 Hamlet 犹豫的任务性格造就了他悲情式的英雄。在日常生活中，人们常用 Hamlet 来指代犹豫不决。

例 2：My own fear is that the present Micawberism will leave us wide open to a humiliating series of defeats.

译文：我所担心的是，目前存在的乐天主义会使我们蒙上一系列耻辱的失败。

分析：米考伯先生(Micawberism)是小说《大卫·科波菲尔》里主要人物之一。米考伯先生一生都在等待好命运的来临，但自己却从不筹划未来。他的一种“乐天知名”的性格，造就了“米考伯主义”(Micawberism)，也就是“乐天主义”。

B．小说中的人名翻译。小说中人名的翻译大部分会采用音译的办法，然而有的时候，音译出来的名字达不到作者想表达的人物性格或者良苦用心。因此，在翻译时，有时要在音译后加注，这样既不会丢失了原文人物名字，同时也能完美地展现人物的性格特点和命运，也可以让读者领会到作者的创作意图。

例 1：村支书兼支部书记洪泰岳，大声咋呼着。

译文：The village chief and Party secretary，Hong Taiyue，shouted.

分析：这个人物出自莫言的小说《生死疲劳》，描述的是新中国成立到 2000 年中国的历史发展过程。主要描写的背景是农村，就农民与土地之间这个话题展开种种关系的演绎。这里的洪泰岳是个顽固不化、坚守理念的村支书。这里的翻译用了音译的手法，而且按照汉语的习惯，先说姓后说名。

例 2：With these statements we enter Simon's world，where he is Humpty-Dumpty and we are Alices who must wait upon him to tell us what words mean.

译文：耳闻西蒙纸轮，我们走进了他的那个世界——在这里，他倒像是个目空一切、自鸣得意的“文字专家”，我们却成了一群顽冥不灵、大字不识的“女流之辈”，什么词表示什么意思非得他说了算不可。

分析：这是《爱丽丝梦游仙境》中的一段。里面提到了两个主要人物 Alice 和蛋状之人 Humpty-Dumpty，其中 Humpty-Dumpty 是一个又矮又胖的人，这个人在小说中是一个喜欢与爱丽丝争论如何用词、自信地按照自己的解释任意用词、目空一切的家伙；Alices 是一个充满了好奇心和求知欲的故事主角。如果在译文中，我们把这两个人物单纯地用音译法进行发音的话，对于中国读者而言，就不明白作者想要表达的实际内容。因此，在翻译中用了加注的方法，把 Humpty-Dumpty 译为“目空一切、自鸣得意的‘文字专家’”，既说明了人物性格，也说明了人物在文本中的动作；Alices 是一类人，指“顽冥不灵、大字不识的‘女流之辈’”。

例 3：这小子无名无姓，左脸上有巴掌大的一块蓝痣，我随口说，你小子就叫蓝脸吧，姓蓝名脸。

译文：The boy had no name，but since he had a blue birthmark on the left side of his face，I told him I'd call him Lan Lian or Blue Face，with Lan being his surname.

分析：这段文字中的“蓝脸”用了音译并且加注的手法。对于汉语读者而言，名字为“蓝脸”，人们会很自然地想到脸上可能会有蓝色的印记，这样的读音很自然带给我们名字背后的信息。但是对于英文读者而言，音译为“Lan Lian”只不过就是个称号或者代码，根本联想不到任何的信息，因此在翻译中必须进行加注“blue face”。这样的翻译不仅在音上达到了一致，在意义上也能够表达清楚，也能展现“蓝脸”特有的含义。

C．称谓语的翻译。在小说中，占据比重较大的就是无血亲关系的一些称谓语。这源于中古五千年的优秀的文化传统，源于中国一直以来礼仪为先的文化传承。这部分称谓语的翻译，第一要注意具体和泛化。有一些称谓是具体到某一个人的，这个时候需要把具体的称谓译出来。有一些是和小说的故事情节不那么紧密的，是为了情节的发展而安排的，这个时候可以做泛化处理，也就是不必翻译出来。第二，要根据小说中人物的辈分排名，在另一种语言中找到相对应的辈分进行换算。第三，汉语中习惯按辈分进行人物排名，英语中则直呼其名。根据这样两种语言文化的不同，在翻译中要尽量亲和译入语语言的表达特点，使读者更加清楚错综复杂的人物关系。

例 1：忽见素云进来说：“我们奶奶请二位姑娘商议要紧的事呢。二姑娘、三姑娘、四姑娘、史姑娘、宝二爷都等着呢。”

译文：Just then Su-yun came in to announce，“Our mistress wants you both to go and discuss important business．All the other young ladies are there with Master Pao．”

分析：这段话出自《红楼梦》，众所周知，在这部巨作中人物众多，而且很多称谓都是封建时期的叫法，有些在现代已经失传。那么在翻译中，为了做到忠实于原文，就要仔细揣摩这个称谓背后的人物特征和阶级地位。比如“奶奶”在这句话中不是辈分较大的人，而是阶级地位比较高的人，一般可以是一家之主或者说话者的主人等，因此在译文中用了 master 来翻译。这里所说的“二姑娘、三姑娘、四姑娘、史姑娘”具体是指迎春、探春、惜春和史湘云，这里并不是一一要说明是谁，而是说这么多人在等，那么就适合做泛化处理，直接把这几个姑娘译为“all the other girls”来模糊称谓语。最后的“宝二爷”是丫鬟们对主子的尊称，应该在其名之前加上 master，译为 Master Pao，“宝”用了音译的手法。

例 2：黛玉虽不曾识面，听见他母亲说过：大舅贾赦之子贾琏，娶的就是二舅母王氏的内侄女：自幼假充男儿教养，学名叫作王熙凤。黛玉忙赔笑见礼，以“嫂”呼之。

译文：Though Dai-yu had never met her，she knew from her mother that Jia Lian，the son of her first uncle Jia She，had married the niece of Lady Wang，her second uncle's wife. She had been educated like a boy and given the school-room name Wangxifeng. Dai-yu lost no time in greeting her with a smile as “cousin.”

分析：在这一段的描写中，按照辈分排序有“大舅”“二舅母”“内侄女”“嫂”等。由于汉语中，辈分的称呼是我们礼仪周全的一种做法，但是在英语中辈分是用来说明人物与人物之间关系的，而非称谓。因此在翻译处理上把“大舅”译为 the first uncle，“二舅母”译为 her second uncle's wife，以此来表达人物和人物之间的关系。“嫂”在中文中指的是兄长的爱人，和说话者是同辈关系，因此直接可以用 cousin 代替。

例 3：——“四妹，时间不早了，要逛动物园就得赶快走。”

四小姐蕙芳正靠在一颗杨柳树上用手帕揉眼睛。

——“九哥，他是不是想跳水呢？神气是很像的。”

译文：“Hui-fang!” he called. “It's like getting late. We'll have to get a move on if you want to see the zoo.”

Hui-fang was leaning against a willow，dabbing her eyes with a handkerchief.

“Chin-Shen，was he going to throw himself into the pond? He looked as if he was.

分析：这段话选自矛盾的《子夜》，是四妹和九哥的一段对话。“四妹”“九哥”都是家族中根据辈分年龄的一个排序，在汉语中，这是很常见的叫法。但是在英文中不会直呼辈分，而是要说出对话者的名字。因此在这里把“四妹”“四小姐蕙芳”“九哥”都用具体的任务名字表达了出来，即 Hui-fang，Chin-Shen.

例 4：“What a fright I seem，” she said，examining herself in the glass，“and how pale this pink makes one look!”

译文：“我这样子多可笑呀，”她一边说，一遍在镜子前端详着自己，“穿上这件红上衣，使我显得多么苍白！”

分析：这是《名利场》中的一句台词。这句话基本遵照了现代英文的写法，唯一需要注意的是在句子最后的 one 的指代。一直在照镜子的主人公，在看到镜子中的自己后发表了一系列的自我嘲讽，所以不难看出这个 one 就是指代的她自己，因此翻译为“我”。

例 5：——Do not，my lord.

——Why，what should be the fear？ I do not set my life at a pin's fee.

译文：不要去，殿下。

嗨，怕什么呢？我要把我的生命看得一钱不值。

分析：这是莎士比亚的戏剧《哈姆雷特》中的一句台词。在句中比较有文化特色的称呼为 my lord，这是英语中对皇族、贵族的尊称。除此之外，还有 your honor，your lordship，your ladyship 等。在翻译中，我们必须把这样的一种阶级关系表现出来，否则就失去了原文中的人物关系，因此译文中用了“殿下”。

例 6：贾母笑道：“你不认得她：她是我们这里有名的一个泼辣货，南方所谓‘辣子’，你只管叫她‘凤辣子’就是了。”

译文：“You don't know her yet.” The Lady Dowager laught. “She's the terror of this house. In the south，they'd call her Hot Pepper. Just call her Fiery Phoenix.”

分析：这是《红楼梦》中林黛玉初到贾府时，贾母对其介绍王熙凤，同时也是王熙凤这个人物在《红楼梦》里首次出场。这里贾母用诙谐、幽默的称谓“凤辣子”把王熙凤这个人物的性格特点呈现了出来。这个人物性格泼辣，就好似汉语中的辣椒 hot pepper，但是具体到人名上不能管她叫“辣椒”，只能把与辣椒相关的性格呈现出来。Fiery 在英文中指脾气火爆、激烈，在这里翻译再恰当不过了。“凤”即为动物凤凰，直接直译便可以了。

2) 小说中民俗文化的翻译。民俗文化，俗称民间文化，是人民群众在生产生活中所创造出来，由历史不断延续下来的一种生活文化。民宿文化因地域、语言的差异而有所不同，并且受到了时间和空间的影响。尽管民宿文化有一定的历史传承性，但是随着历史的发展，各个地域的民宿文化也有一定的发展和改变。

民宿文化中存在着很多有着中国文化传承的意象，这些意象在英文中找不出对等的概念与之相配，因此对翻译造成了很多困难。如：天人合一、香火、磕头、文房四宝等，这些意象在西方文化中根本不存在，也就造成了中西方文化在翻译中的缺省。当然也有一些文化意象是可以相互代替的。比如，我们会在新婚夫妇的床上摆上大枣、瓜子、桂圆、花生等，预祝他们早生贵子，多子多福。当然在西方文化中，新人结婚，人们会向新人的身上撒大米，也是早生贵子的意思。在这一点上，虽然东西方文化中的做法不同，但是都表达了相同的意思。

例 1：以前听老黄说过你要来的，说你爱吃玉米面搅团。

译文：She had heard from her husband that he's be coming and that his favorite food was cornmeal noodles.

分析：这是贾平凹的小说《废都》里的一段，写到了陕西地方特色饮食文化"搅团"，这句话中给出了搅团的原料是玉米面，那么搅团究竟为何物，对译者而言，在翻译之前，一定要做详细的资料查阅。经过查阅，搅团就是把面搅成浆糊状，在水开之时，一手撒面，一手搅动水，搅成稠糊糊的，俗称"搅团"。在译文中用了原料翻译的方法，cornmeal 就是谷物粉，也可以指代玉米面，noodle 说明这种食物是另外一种形式上的面条。

例 2："村中的老太太来问他：'我说……天象，这是什么天象？要天崩地陷了。老天爷叫人全死么？唉……'"

译文："An old woman from the village asked him：'I say it's a celestial sign...what kind of celestial sign is it though？Is the sky going to fall and the ground cave in？Does Heaven want all of us to die？Ai...'"

分析：这一段中涉及最多的就是封建迷信、风水命相。"天象"在古代迷信中是说人的命和某些星宿有关，是上天给人的一种信号，因而译为 celestial sign。而在这一段中还出现了"老天爷"，在汉语中是对上天神灵的一种尊称，对应到英文中可以 Heaven，God，但是 God 表示上帝，宗教色彩比较浓厚，因此不适合用在这里。

例 3：五月节了，家家门上挂起葫芦。

译文：It was the Summer Festival and each family had hung a gourd over its door.

分析：这句话出自《生死场》，文中的五月节是指农历五月初五，端午节。在中国的东北，五月节，家家户户都有挂葫芦的习俗。在译文中翻译为 summer festival，是因为在东北没有赛龙舟的习俗。但是对于小说中的人物而言，五月节就意味着夏季的到来，因此翻译为 summer festival.

例 4：但真所谓“塞翁失马，安知非福”罢。阿 Q 不幸而赢了一回，他倒几乎失败了。

译文：However，the truth of the proverb “Misfortune may prove a blessing in disguise” was shown when Ah Q was unfortunate enough to win and almost suffered defeat in the end.

分析：这段话节选于鲁迅的《阿 Q 正传》，里面有个文化典故“塞翁失马，焉知非福”，这个故事有着很强的文化背景，原来的小故事是说：曾经有个人的马跑到了胡人那里，人们纷纷安慰，他却说‘为什么就不知道是福运呢？’后来他儿子骑马摔下来，他又说了同样的话。胡人入侵，要招兵入战场，他的儿子因为摔了腿而不能参加战争，逃过一劫。因此人们常说祸福之间，瞬息万变。因此就有了“塞翁失马，安之非福”的说法。如果我们在译文中要加以注释，势必要把整个故事都搬过去，那么这样的翻译就会显得特别啰唆，不如跳过故事，直接把意思翻译出来，这样既干练又精确。

(4) 散文翻译。散文是一种文学体裁，是用来抒发作者真情实感并且有灵活的写作方式的一种文学形式。在现代文学中，散文与诗歌、小说、戏剧并行。它的主要特点有三方面：第一，形散神不散。由于写作题材比较宽泛，写作的风格结构比较自由，不被固定模式化的结构所束缚。但是不论写什么，都是作者真情实感的体现，因此，作者的情感——神，是不会改变的。第二，抒情性强。不论写人还是绘景，都由作者由实到虚，由浅入深，融情于景，展现了作者真实的自我情感，让读者体会到字面以外的更深的道理。第三，语言优美。一直以来都有“散文诗”或者“美文”之称的散文，在语言上讲究生动活泼，有音律感，简洁流畅、质朴无华的语言中流淌的是作者细腻的情感。

1) 功能对等的翻译策略。美国的语言学家尤金·奈达在对《圣经》的翻译实践中，提出了功能对等翻译理论。他认为，为了准确地再现原语文化和消除文化之间的差异，可以做到以下三点：第一，就是尽可能地创造出既符合原文文本又体现原语语言特色的翻译作品。第二，如果既不能达到意义的对等也做不到文化的对等，那么译者就要舍弃形式对等，在译文中做到语意的对等。第三，如果形式改变不能表达原文意义，那么通过“重创”来做到意义对等。总体来说，这三步都要求译者做到词汇对等、句法对等、篇章对等、文体对等。其中形式是次要的，重要的是做到意义的对等。

例 1：这便是独处的妙处。我且受用这无边的荷香月色好了。

译文：That is the beauty of being alone. For the moment，just let me indulge in this profession of moonlight and lotus fragrance.

分析：这句话出自朱自清的散文《荷塘月色》。这篇散文讲到了夜晚去荷塘感受荷花清新的美景图。在文中写到“受用这无边的荷香月色”受用就是享受，对应到英文中有 enjoy，indulge，前者表示很享受，后者更多的是一种放纵，纵情于……上。在文中写到荷香月色时，作者是一个人，也就无须去考虑其他人的感受，只一人纵情享受即可，因此用 indulge 更加贴切。在“无边的荷香月色”这里把形容词“无边的”作为名词处理，更加能够体现荷香和月色的无边无际。

例 2：曲曲折折的荷塘上，弥望的是田田的叶子。叶子出水很高，像亭亭的舞女的裙。

译文：All over this winding stretch of water，what meets the eye is a silken field of leaves，reaching rather high above the surface，like the skirts of dancing firls in all their grace.

分析：这句话同样出自《荷塘月色》，主要在这里描写荷塘上的叶子，译者在这里对词的翻译更加贴合句中的意境。“曲曲折折”，讲到荷塘的曲曲折折，无非就是荷塘上因风起了涟漪，才显得水面曲曲折折，在引文中用到了 winding stretch of water，把水面的动感翻译了出来。“弥望”在汉语里的意思是充满视野、满眼，译文中用到了“what meets the eye”，也就是“眼睛里看到的是”，这样的翻译特别贴切，表达准确。“田田的叶子”是说荷叶相连，很稠密、很浓郁，在译文中用到了 silken，本意是柔软的，延伸意思是繁花似锦，这里用来指田田的叶子再好不过了。

例 3：这时候最热闹的，要数树上的蝉声和水里的蛙声；但热闹是他们的，我什么也没有。

译文：The most lively creatures here，for the moment，must be the cicadas in the tree and the frogs in the pond. But the liveliness is theirs，I have nothing.

分析：这句话中出现了听觉“蝉声”和“蛙声”。在翻译的时候做了增译，加入了 creature，既说了蝉也说了蛙。如果不加词的话，在译文中会造成句意不完整，语法结构不正确的现象。对于这样的中英文对应，就要根据译文的句子结构，做相应的删减和补充。

例 4：Our afternoon exceeded all expectations. Nothing had prepared us for the relative grandeur of the house，the breadth and variety of the Georgian feast table or for the generosity of spirit that we discovered.

译文：那天下午真是出乎我们的预料。我们没想到主人的住宅是那么气派，没想到格鲁吉亚人的家宴是那么丰盛，也没有想到主人会那样慷慨大方。

分析：这段话出自散文 *Georgia On My Mind*，选文中给了两句话，第一句话可以说总领全段，是这一段的主题句，说明了当天的宴会是超出我们预想的。后面一句具体描写了哪些方面超出了我们的想象。原文中用了 nothing had prepared us for 直译就是这些是我们还没有准备好的，也就是说 for 后面所引领的内容是我们所没有准备好的。因此用了三个“我们没想到”，一方面点明了段落主题，一方面加强了句子语气。说明这些事情超出我们的想象。

例 5：A sense of control，according to Anderson，is the litmus test for sucess.

译文：按照安德森的说法，对事物的驾驭能力，是事业能否成功的试金石。

分析：这段话选自散文 *You Are What You Think*，这句话中出现了 litmus test，本意是指石蕊实验。石蕊是从地衣植物中提取出来的蓝色色素，可以溶解于水显出淡蓝色。石蕊实验是立马就可以见分晓的实验，如果在中文中讲到“石蕊实验”可能超出了大部分人日常听说的词汇范围，除非是那些经常与化学制剂相接触的人。但是立马能见分晓的话，就可以用汉语中的“试金石”来表示，既翻译出了原文要表达的意思，又符合汉语的表达习惯。

2) 文化翻译理论策略。文化翻译理论最具代表的人物是苏珊·巴斯奈特，他的文化翻译理论的提出对当代的翻译产生了很大的影响。他认为翻译的语言学派所面临的问题是，根据日益繁盛的机器翻译，它只能针对非文学翻译做到语言层面的对译。但是在文学翻译上还是要有文化的转向。译者不能只在自己本国文化的背景下进行翻译，而要在特定的文化语境下进行翻译。也就是说，翻译不仅仅是从语言的层面上进行的转化，里面包含了很深厚的文化内涵。

那么针对散文这一特殊的文本内容，它的身后有着厚重的文化底蕴，因此，在翻译中要做到在特定的文化语境中进行翻译，不能只做字对字、词对词、句子对句子之间的语言层面的翻译。

例 1：The sun sets regularly on the Union Jack these days，but never on the English language.

译文：现在，英国已不再是个“日不落”的国家了，但是，英语却广泛流行使用着。

分析：Union Jack 中 union 是联合的意思，Jack 是海军挂在舰首的旗帜。Union Jack 指的就是英国的国旗米字旗。原意是说太阳还是照样地照在英国的国旗上，但是英语中却不是。历史上，英国在中世纪和近代初期，曾经经历了多次辉煌。不仅指其侵略殖民，后面又延伸到了政治、经济、文化领域的发展。译文中用了反话正说的译法，使译文表达更加得体流畅。

例 2：Several million of people have lived near or below the breadline for almost two decades.

译文：差不多二十年了，生活在贫困线以下或温饱问题还没有解决的人口仍有几百万。

分析：文中用到了 breadline，直译是“面包线”，源于西方人以面包为主食，那么对应到汉语文化中就是温饱问题或者也可以说是贫困线。

例 3：此时鲁小姐卸了浓妆，换了几件雅淡衣服，遽公孙举目细看，真有沉鱼落雁之荣，闭月羞花之貌。

译文：By this time Miss Lu had changed out of her ceremonial dree into an ordinary gown，and then Zhu looked at her closely，he saw that her beauty would put the flowers to shame.

分析：这里首先要理解的是鲁小姐换上了“雅淡衣服”，这里并不是要表达高雅，而是相对于之前的“卸了浓妆”，这里的雅淡更多指普通的、平常的、家常的衣服。在描写鲁小姐的姿色的时候，用到了“沉鱼落雁、闭月羞花”。在中国文化中，这组词语是指女子姿色，比如西施浣纱时鱼儿看到了她的美貌，都忘记了游泳，就有了“沉鱼”；王昭君出塞，拨动琴弦，南飞的大雁听到琴声，看到美人，都忘记煽动翅膀，跌落地下，就有了“落雁”；貂蝉拜月时，月亮看到貂蝉的美貌都赶紧躲了起来，就有了“闭月”；杨玉环赏花，花儿的花瓣都立即收缩起来，因其美貌不如杨玉环，因此有了“羞花”。和古代四大美人相关的“沉鱼落雁、闭月羞花之貌”就是特别美的容颜，译文中用了其中一个意象，就是连花儿都感到羞涩：“her beauty would put the flowers to shame”。

例 4：我能感觉到班里有几个男生爱上我了。怎么会感觉不到呢？他们利用一切机会拍我的马屁，臭显他们“有本事”。

译文：I was aware that several of the boys fancied me. I couldn’t help knowing. They were always trying to please me and showing off by any means.

分析：这句话中提到了“拍马屁”，这在汉语中是个贬义词，是说阿谀奉承某个人，俗称拍马屁。因为这里涉及文化不同，因此译文中不能直接说“马屁”，对译入语读者而言是没有办法理解的。因此这里用到了意译的翻译策略，阿谀奉承就是让某人开心、让某人高兴，对应 please me 在意思上是一致的。最后用到“臭显他们‘有本事’”，这里是说他们做一些事情来向我炫耀，因此用到了 show off 对应。

例 5：You must have been as blind as a bat not to have seen me；I was sitting at the next table.

译文：你没有看见我，一定是眼瞎了，我就坐在你旁边的一桌。

分析：文中用到了 as blind as 就是“和……一样瞎”，这里用到一个动物 bat(蝙蝠)。在西方文化中蝙蝠是一种丑陋的动物，因此将其与邪恶的黑暗势力联系在一起，有 vampire bat(吸血蝠)，crazy as a bat(精神失常)等，都是带有贬义意味的词语。但是在汉语文化中，蝙蝠象征了幸福，“蝠”与“福”同音不同形字，表示大吉大利。看到蝙蝠预示着这个人有福，行大运等。因此在汉语翻译中，就不能说“像蝙蝠一样瞎”，这样造成了汉语读者的误解，还不如“一定是眼瞎了”这样的翻译更加准确、利索。

例 6：Sometimes a person who presents himself as kind and gentle but in private turn out to be a dragon，who breathes fire.

译文：有时，某人在公开场合，显得和蔼可亲，温文尔雅，而在私下里却像个凶神恶煞。

分析：这句话讲述了人的两面性，在公开场合的和蔼可亲和在私底下的凶神恶煞，在后半句中用到了一个比喻 dragon，也就是龙。在中国传统意义上，龙是中华民族的象征，中国人视自己为龙的传人，对龙顶礼膜拜。在古代，只有皇帝的衣服上才可以绣上龙，称为龙袍。因此龙也是最高权力的象征。但是在英文中 dragon 是口中喷火、拖着长尾的巨大的蜥蜴，代表了恐怖与邪恶。由于两种文化之间的差异，在译文中直接把这个象征去掉了，以免引起中文读者的不满和误解。

3) 文化缺省的翻译策略。在东西方文化进行交流的时候，难免会出现两种地域文化不一样的地方，而有时候这样的文化也找不到适合代替的词汇或者意象，这时候作者就会把这部分文化省略，避免造成意义真空，让没有此文化背景的人读来一头雾水。王佐良先生认为，“不同文化的内容，对于一种文化的人而言是不言而喻的东西，而到了另外一种文化却要费劲力气去解释，这就是翻译中最难的地方”。而对于文化的缺省现象，主要有以下几种处理办法。

第一，就是移植加释译。移植的意思就是原封不动，保留了原文的文化内容，使其具有一定的文化特点和地域特色。释译就是把对译入语读者不懂的内容，加以解释和说明，让读者能够理解文章内容，实现跨文化交际。

例 1：其实只是一种社交上的客套，和“顿首”“百拜”同是仪式的虚伪。

译文：All these are，in fact，nothing but civilities of social life，as hypocritical as the polite formula dunshou (kowtow)，or baibai (a hundred greetings) used after the signature in old-fashioned Chinese letter-writing.

分析：这段文字选自夏丏尊的《中年人的寂寞》，文中的“顿首”就是口头的意思，百拜就是磕了很多次。在译文中将这两词语都进行了音译的处理方法，并且在后面的括号中进行了释译。这样的翻译方法既让读者明白了文中究竟写了什么，也让读者理解了异域文化的内容，传播了中国文化，让西方读者更能理解和认识中国文化。

例 2：我属鸡。我从来不吃鸡。鸡年是我的本命年。

译文：I was born in the Year of the Rooster. I never eat chicken. The Year of Rooster will bring me good luck or bad bad luck. (Chinese people traditionally use 12 animals，representing the 12 Earthly Branches，to symbolize the year in which a person is born. Spring Festival 1993，for example，is the first day of the Year of Rooster. People born in this year have the rooster as their life symbol. All other years of the rooster，according to an Old Chinese saying，become either good-or-bad-luck years for them.

分析：这句话中出现了三次鸡，一个是“属鸡”、一个是“鸡年”、一个是“吃鸡”，其中的“属鸡”和“鸡年”含义相同，都指的是汉语属相年，但是这种情况只是汉语的特殊表达，在其他国家文化中并没有。因此，译文中用了加注的手法，既忠实于原文，又把文化缺省的部分补充了出来，让外国读者能更好地了解中国的传统文化。

第二，借代法。就是把原文中一些表达借代译入语中的一些相关的表达来翻译。两者在形式和意义上做到了对等。比如：汉语中常用到“白马王子”，则对应英文中的“the right man”。

例 1：Jone can be relied on. He eats no fish and plays the game.

译文：约翰为人可靠。他既忠诚又可靠。

分析：原文中出现了 eats no fish，因此就会有人想当然地认为“他不吃鱼”；play the game 也会认为是“他玩游戏”。这样的翻译就是严重缺乏文化意识。在英国历史上新旧宗教派别之间的激烈斗争，导致旧教规定在斋日只需吃鱼，新教规拒绝在斋日吃鱼，不吃鱼也就表示皈依新教。play the game 原来就是按规则比赛，后延伸为“光明正大、为人正直”。所以在译文中 eats no fish 表明这个人很忠诚，play the game 表明这个人很正直。

例 2：Were if left to me to decide whether we should have a government without newspapers or newspapers without a government，I should not hesitate a to prefer the latter.

译文：我们是要一个没有言论自由的政府，还是只要无需政府管理的言论自由，如果让我决定，那我会毫不犹豫地选择后者。

分析：杰弗逊是具有反封建民主思想的资产阶级革命家。他的这句话体现了他的民主思想。在文中出现了“a government without newspaper”和“newspapers without a government”这里的 newspaper 不是指报纸，如果这样理解就是这个国家有没有报纸的问题了。这句话的 newspaper 代指了言论自由。在这样的文化背景中，要把作者坚定的政治主张表达出来。

例 3：When I reached the age of twelve I left the school for ever and got my first full-time job，as a grocer’s boy．I spent my days carrying heavy loads，but I enjoyed it. It was only mu capacity for hard work that saved me from early “betters” with the deference my employer thought I should assume.

译文：我十二岁那年就永远离开了学校，并且找到了整活干，最初是在一家食品杂货店里当伙计。我整天扛很重的货物，干得倒也很带劲。可是老板想要我毕恭毕敬地跟那些“上等人”说话，我实在难以做到，要不是能干重活，我早就被辞退了。

分析：文章中用到了“grocer’s boy”和“betters”，前者表示杂货店的员工，根据汉语的表达习惯，译作“伙计”更加贴切。后者的 better，并不是比自己好的人，而是从阶级层次上指比自己更高级的人，因此用了“上等人”来翻译，既忠实于原文，也把原文中的意象用中文中适合的词借代了出来。

第 5 章　中英美文翻译赏析

例 1：

8chan Becomes Heaven for Murderers

Devastating news shook the American public over the weekend，as stories emerged of back-to-back mass shooting. The first，in El，Paso，saw 20 killed; the second，a matter of hours later in Dayton，left 9 dead.

While these appalling incidents were prompting widespread condemnation，a different narrative began to materialize online: the El Paso killer had publicized the attack in advance via digital forum 8chan，inciting his "brothers" to celebrate his "heroic act".

8chan originally started out as a utopia for free speech and sub-culture，but it has recently been associated with hate crimes and evolved into a soapbox for white supremacists. In this year alone，perpetrators of at least three shootings，including the New Zealand Mosque killings，posted beforehand declarations of hatred and racist vitriol on the website. These carefully crafted statements stayed up on the forum without censorship，and went viral soon after the shocking events. What's worse，servers of 8chan are spread around the globe，which makes it hard for authorities to knock the site down.

8chan 论坛成谋杀犯避风港

上周末，接连发生的两起大规模枪击案新闻震惊美国民众。第一起发生于埃尔帕索市，共造成 20 人死亡；数小时后，代顿市发生第二起，致 9 人丧生。

尽管这些骇人听闻的事件引起了广泛谴责，但网络上却出现了一种不同的说法：埃尔帕索案的涉事枪手曾在网络论坛 8chan 上提前发布袭击消息，并煽动他的"兄弟们"为其"英雄事迹"庆祝。

8chan 最初是言论自由和亚文化的乌托邦，但近来与仇恨犯罪联系愈发密切，逐渐变成了白人至上主义者发表言论的场所。光在今年，至少三起枪击案的行凶者曾在作案前在该网站发布仇恨生命及种族主义言论，其中就包括新西兰清真寺枪击案的凶手。这些精心炮制的声明在未经审核情况下一直保留在该论坛上，并于枪击案发生后迅速传播开来。更糟糕的是，8chan 的服务器遍布全球，因此政府机构很难将其关闭。

赏析：这是一篇时事新闻报道。在文中第一段中，用了无主语句，即没有主语的句子。“The first，in El，Paso，saw 20 killed; the second，a matter of hours later in Dayton，left 9 dead.”这样的时事报道，也不需要增加主语，直接翻译即可。

在字词的翻译上 appalling 就是“极其恶劣”的意思，对应中文成语“骇人听闻”。在英语翻译成中文的过程中，因为中文句子中常有四字成语，因此翻译中尽量迎合汉语习惯，在意思对等、感情对等的情况下，如果能用到合适的四字成语，就尽量用四字成语来翻译。

例 2：

Abbey Road: Beatles Fans Come Together

At 11:38 am on August 8th，exactly 50 years since the Beatles were photographed strolling across a suburban London zebra crossing ，hundreds of devotees from around the world assembled on the same street where the original 1969 picture was taken. Wearing sixties get-ups，parading Beatles memorabilia and humming hits，they were eager to celebrate the historical moment and recreate the image，and did not mind if they looked somewhat out of place in 2019.8.14.

Fifty years ago，the snapshot became the cover of the band’s final album “*Abbey Road*”，unknowingly creating what would become one of the most popular images in music history.

Abbey Road，a fairly nondescript street，is just a stone’s throw from the eponymous studio where the album was recorded. The crossing has since become a shrine for dedicated fans attempting to mimic the cover picture themselves，causing traffic nuisances from time to time.

One American fan on the spot said that many had made the pilgrimage Abbey Road is one of the very few remaining physical memorials to the band. The anniversary event highlights how relevant the Beatles are today for people of all ages，due to their down-to -earth identity and unrivalled musical talent.

译文：

艾比路：披头士粉丝齐聚一堂

8 月 8 日上午 11 点 38 分，数百名来自全球各地的披头士死忠粉们聚集在伦敦郊区的一条路上。就在 50 年前的此刻，摄影师在这条街的斑马线上拍下了披头士乐队过马路的场景。为了庆祝这一历史性时刻并再现这张照片，粉丝们身穿 60 年代的奇装异服，展示着披头士纪念品，嘴里哼着他们的热门歌曲。尽管这一场景在 2019 年的今天看着有些不合时宜，但他们并不在意。

50 年前，这张照片成为该乐队最后一张专辑《艾比路》的封面，无意中造就了后来音乐史上最流行的图片之一。

艾比路原来是一条名不见经传的街道，距离录制专辑的同名录音室仅有一步之遥。自从这张照片拍摄以后，这道斑马线变成了铁杆粉丝们朝圣之地，他们不断识图再次模仿这张封面，不时妨碍了交通。

一名现场的美国粉丝说，许多人之所以到此“朝圣”，是因为艾比路是为数不多留存下来的可以纪念这个乐队的实地。这几年活动也说明，披头士时至今日依旧老少都喜欢，而这无疑得益于披头士接地气的特点和无与伦比的音乐才能。

赏析：这篇文章是新闻通告，记录披头士粉丝们在艾比路公路的集会，以纪念对此乐队的怀念。文中首先写出事实，即 8 月 8 日全球的粉丝们齐聚伦敦艾比路公路欢庆。在第二、三部分写出了艾比路公路出名的原因以及粉丝们选此地纪念的原因。

这篇报道中用了很多长句子，在译文的处理上，译者根据句意进行了切割。比如“At 11:38 am on August 8th，exactly 50 years since the Beatles were photographed strolling across a suburban London zebra crossing，hundreds of devotees from around the world assembled on the same street where the original 1969 picture was taken.”。在这句话中，以现在时间开头，紧接着对比了过去的时间，并且指出在 50 年前这条路上

发生的事情，然后才给出句子的主语“数百名粉丝们”。在句子的划分上，译者把时间相同的内容放在了一起。第一句话给出几点几分，那么紧接着就说这个时刻数百名粉丝齐聚一堂。这是现在发生的事。第二句话给出 50 年前，摄影师拍摄下披头士过马路的情景。这样的翻译，在时间和人物关系上不混乱。

其次，这篇译文中做得比较好的一点就是，根据汉语的意思，适当地增加关系词。在原文第一段中，第一句话和第二句话的衔接没有任何的连接词。在第二句话中直接用分词 wearing 开头。但是在第二句话里句子的主语是 they，用 wearing 开头做了句子的伴随状语“粉丝们身着 60 年代的衣服、展示着纪念品、哼着歌”，在主句部分给出 they were eager to“他们想要怎么样”，其实就是他们做这一切的目的。因此，在译文中把目的状语提前，用了“为了庆祝……”作为这句话的开头。

例 3：

Rising Temperatures Ravage the Himalayas，Rapidly Shrinking its Glaciers

Climate change is “eating” the glaciers of the Himalayas，posing a grave threat to hundreds ple who live downstream，a latest study has shown.

The study concluded that the glaciers have lost a foot and a half of ice every year since 2000，melting at a far faster pace than in the previous 25-year period.

In recent years，the glaciers have lost about eight billion tons of water a year. The study’s authors described it as equivalent to the amount of water held by 3.2 million Olympic-size swimming pools.

The loss of glaciers poses two profound risks. In the short term，melting glaciers leave behind rock debris that creates dams，and if these debris dams burst，the resulting floods could destroy villages.

In the long term，the loss of glacier ice means the loss of Asia’s future bank of water—a safeguard against periods of extreme heat and drought.

The latest study，led by researchers at Columbia University，relied on the analysis of satellite image of 650 glaciers of the Himalayas，including recently declassified United States spy satellite data.

The study also concluded that while soot from fossil fuel burning is likely to have contributed to the ice melt，the bigger factor was rising temperatures.

While temperatures varied across the vast mountain range，on average，they rose faster between 2000 and 2016 compared with earlier years.

译文：

气候上升危及喜马拉雅山脉，致其冰川快速消融

一项最新的研究显示，气候变化正在“吞噬”喜马拉雅山脉上的冰川，对生活在下游的数亿人民构成了严重的威胁。

该研究得出结论，自 2000 年以来这些冰川每年流失 1.5 英尺，融化速度远超此前的。

近些年来，喜马拉雅冰川，每年损失近 80 亿吨水。据该研究作者的描述，这个数字相当于 320 万个奥运会规格游泳池能容纳的水量。

冰川消融造成了两个巨大的危险。短期而言，融化的冰川会留下许多岩石碎片，这些碎片会形成一道道水坝；而如果这些碎片坝破裂了，由此引发的洪水就可能摧毁很多村庄。

从长远的角度看，冰川冰的流失意味着亚洲未来水库的损失，而这个水库是防范极端高温和干旱时期的一道保障。

这项最新研究由哥伦比亚大学研究人员主导，他们对喜马拉雅山脉 650 个冰川的卫星图像进行分析，包括最近解密的美国间谍卫星数据。

该研究还推断，虽然化石燃料燃烧产生的烟灰可能是冰融化的成因直译，但更重要的因素是气温上升。

虽然广阔的山脉中不同地方气温各异，但平局而言，2000 年至 2016 年间气温比早些年上升更快。

赏析：这是一篇科普类文章，介绍了在全球气温升高的情况下，喜马拉雅山脉的冰山面临消融的困境。

在词汇的翻译上，在讲到气温变化对冰川的影响时，用了动词“eat”，在译文中直译为“吞噬”，既符合原文表达的意思，同时也让冰川因气温的消融更加地生动形象。

在长句子的翻译上，译者用了根据意义进行切分的原则，把长句子分成一个个短句子。比如“In the short term，melting glaciers leave behind rock debris that creates dams，and if these debris dams burst，the resulting floods could destroy villages.”。这句话从结构上而言，连词 and 就显示出来这句话是由两个并列句构成。在第一句子中又有一个定语从句 that creates dams，在翻译中按照顺序译法，把定语从句直接跟在了句子的后面，并且加上了主语，即“这些碎片会形成一道道的水坝”。在第二个句子中用到了 if 引导的定语从句，这个从句和前面并列句的关系是转折的，因此在之前加上了“而”。

译文在成分的排序上也按照汉语的习惯进行。如“The latest study，led by researchers at Columbia University，relied on...”这句话的主语是 the latest study，而 led by 是后置定语。如果按照顺序译法，那么就需要加词为：最新的一项研究，该研究由哥伦比亚大学的研究人员主导……这样的翻译显得主语较为啰唆，那么按照汉语习惯就把它们进行意思融合，在主语部分做了小短句划分，即：这项最新研究由哥伦比亚大学研究人员主导。为了句子的连贯，在谓语部分加入主语人称代词“他们”。

例 4：

Shanghai Disney sued over Outside Food Ban

The Shanghai Disney Resort landed in a pickle earlier this year after Wang，a Chinese law school student，took the company to court over its food policy.

Wang was stopped at the gates of the resort in January this year after the security guard found food inside her backpack.

The Walt Disney Company，however，stuck to its guns，claiming that the outside food ban is the standard in theme parks across China. In what appears to be a small mercy，Disneyland said the guests are welcome to eat their own food in the rest area outside the park.

Chinese media have accused Disney of double standards，saying that while Shanghai Disney has banned outside food，alcohol and nonalcoholic beverages over 600 milliliters inside the park since November 2017，the company doesn't follow the same policy in its US or European parks.

Meanwhile，the incident has kicked up a social media storm in China. Disney's decision to deny guests the right to bring their own food，coupled with the mark-up prices of refreshments inside the park，has apparently not gone down well with the netizens.

The female student approached the People's Court of Pudong New Area to rescind the food ban. The court's verdict is pending.

译文：上海迪士尼“禁带外食”成被告

上海迪士尼在今年年初摊上事儿了。一位王姓中国法学专业学生因不满园区食物规定，而将其告上了法庭。

今年一月，小王因园方安检在其背包中搜到食物而被禁止入园。

然而，华特迪士尼公司坚持己见，称禁止外带食物是中国各地主体乐园的标准规定。为了让回应显得稍稍留有余地，迪士尼乐园称游客完全可在园区外的休息区享用自带食物。

中国媒体报道指责迪士尼双重标准，因为虽然上海迪士尼自 2017 年 11 月起规定禁止游客携带任何食物、酒精以及超过 600 毫升的非酒精饮料入园，但美国和欧洲的迪士尼乐园并不执行这一政策。

同时，该事件掀起了一场中国社交媒体讨论风暴。迪士尼的决策剥夺了游客自带食物的权利，并纵容园内小吃溢价，网友们显然并不买账。

这名女学生已向上海市浦东新区人民法院提起诉讼，要求撤销该视频禁令。该案尚在审理中。

赏析：这篇文章的中国学生就禁带食物入院和搜包安检这一行为，将上海迪士尼乐园告上了法庭，属于一篇新闻报道。新闻报道的内容都是先叙述事实，然后展开客观评论。文章中用词比较严谨。

比如在文中第一段说出事实的时候，用了个短语 landed in a pickle，相当于 land in trouble，表示“陷入困境、麻烦”。如果我们在文章开头直接说“上海迪士尼今年陷入了困境”，那么这一“困境”可能会让读者想到可能是经济运转不畅或者内部机构的问题，这样的问题一般比较大。而译者用了当今比较流行的网络用语“摊上事了”，带有一点调侃的意味，对于目的语读者而言，自然就会领会到是和外部群体之间出现的摩擦。

再比如“Disney’s decision to deny guests the right to bring their own food, coupled with the mark-up prices of refreshments inside the park, has apparently not gone down well with the netizens.”。这一句话主语讲的就是网友们不满的地方，主要有不能自带食物、园区小吃价格幅度提升。在这个长句子中，首先找出谓语部分是 has not gone down well with，前面出现的两部分都是句子的主语。第一部分的主语中心词是 decision，后面是这个决定的内容，也可以称之为修饰语，按照习惯可以翻译为“迪士尼剥夺游客自带食物的权利的决定”，这样的译文由于修饰语较多，读起来比较烦琐。第二个主语是“加之园区内茶点的价格提升”，那么这两部分其实都是迪士尼默许的，因此，按照汉语语言习惯，把这个长句子分成小短句比较合适，把名词“决定”的内容直接改成句子“迪士尼的决定剥夺了游客自带食物的权利”。在第二个主语部分也译成了小句子“并纵容……”。谓语部分“has not gone down well with the netizens”字面意思是“与网友们相处的不好”，也就是不能容忍，这里换成了“网友们并不买账”。这样一来，原本很长的一个句子根据意思就切割成了三个小句子，更加符合汉语的表达习惯。

例 5：

The Holy Grail of *Harry Potter* Books found in a Box

Twenty years ago, an unsuspecting bookworm was rummaging through second-hand books at a jumble sale, looking for some holiday reading material.

One of the books purchased, for just a pound, was a discarded library edition of “*Harry Potter and the Philosopher's Stone*”.

It ended up languishing, half-forgotten in a box for the next two decades.

A few weeks ago, hoping to raise some cash for home improvements, the book's owner called in an expert to give a quote on three boxes of old books which had been gathering dust in a cupboard.

It didn't take long for the book-buyer to stumble across an exceptionally rare find，a first edition，of "*Harry Potter and the Philosopher's Stone*"，which he called "*the holy grail of Harry Potter books*".

Distinguishable by two obvious typos，it is one of only 500 copies in existence. Last week it was auctioned for almost 30,000 pounds.

It is not，however，the most expensive *Harry Potter* book ever to be auctioned. A copy previously owned by J. K. Rowling's first literary agent，fetched almost 70,000 pounds earlier this year.

Even so，selling a one-pound book for thirty grand is pretty good business，especially when the book has mistaken in it.

译文：《哈利・波特》系列书籍之"圣杯"现身

二十年前的一场旧物义卖会上，一位书迷在二手书堆里淘些假日读物。

未曾料到其中一本以 1 英镑买走的旧书是被图书馆淘汰的《哈利・波特与魔法石》。

在随后的二十年中，这本书几乎被人遗忘，尘封在一个箱子里。

几周前，这本书的所有者想筹钱改善家居，便找到一位收藏专家来对书架上三箱布满灰尘的旧书进行估价。

很快，这位买家不经意间发现了这本初版《哈利・波特与魔法石》，这一稀奇宝物被他称为该系列书籍的"圣杯"。

作为仅存的 500 本初版之一，这本书有年初明显的印刷错误，易于辨认。上周，这本书以近 3 万英镑的价格拍卖成交。

然而，这并非《哈利・波特》系列书籍的最高拍卖价。今年早些时候，一本由 J. K. 罗琳的第一任文稿代理人收藏的《哈利・波特》卖出了近 7 万英镑的高价。

尽管如此，将一本以 1 英镑购入的旧书以 3 万英镑卖出，已是一笔利润丰厚的交易，尤其是这本书还有几处错误。

赏析：这篇文章是人们所熟悉的《哈利波特》系列丛书的初版拍卖，由于这一系列书后期的火爆，使得原本初期销售并不好的版本在后面的时间里成了热销产品。而它初版丛书有的是真正钟爱者珍藏的宝贝，同时也赋予了它一定的价值。

这篇文章的写作手法是叙述写法，就像一个小故事一样娓娓道来，让读者倍感亲切。在翻译中，译者根据不同语言之间的语言逻辑顺序的不同，要进行一些成分的调整。比如“It ended up languishing，half-forgotten in a box for the next two decades.”。原文中的时间状语在最后面，但是汉语习惯先说时间地点，因此在译文中把时间 for the next two decades 提前。这个句子用到了 end up doing “以……为结果”这样的表达，由于主语是 it，那么这一结果肯定是人造成的，在译文中用了被动句“它几乎被人遗忘”，比直译为“它的结果就是被人遗忘”在语言表达上更符合读者的阅读习惯。

再比如在句子中有这么一句话“It didn't take long for the book-buyer to stumble across an exceptionally rare find”，这句话是一个固定结构 it takes +时间+人+to do，意思是:某人做事情花了多长时间。在译文中打破了这样一种固定模式的禁锢，把时间放在开头，然后说其他内容。这样把花费的时间之短做了强调。

例 6：

Fifty Years on: Revisiting the Moon

1969 was a pretty mean year with much of humanity embroiled in conflict，protest riots and inequality. The year also united mankind in a way never seen before or since as astronauts walked upon a distant world for the very first time.

All around the globe，hundreds of millions of eager spectators switched on their grainy black and white TVs or tuned in their radios to witness Neil Armstrong set foot on the surface of the moon. July 20th，1969，still to this day，marks one of the human race's most glorious scientific triumphs. With most of the world glued to their TVs and radios，crime reportedly ground to a standstill that summer evening.

Apollo program astronauts managed six impressive moon landings in total by 1972. Yet after that，no one has gone back to the moon.

But all that stands to change as NASA has announced a project in the works to retrace Armstrong's steps with a new moon landing in 2024. NASA is not the only one with an eye to the moon; Jeff Bezos' Amazon and Elon Musk's SpaceX are also sizing up the prospect of future lunar voyages.

No matter who goes back first，one thing is for sure: humanity will once again be gazing at the moon.

译文：阔别五十年：重返月球

1969 年是相当残酷的一年，许多人都深陷于冲突、动乱与不平等之中，这一年也以一种空前绝后的方式让人类团结在一起，因为有史以来第一次，人类宇航员踏上了一个遥远的星球。

全球各地，数亿心潮澎湃的观众打开了充满颗粒感的黑白电视机或收音机，见证尼尔・阿姆斯特朗踏上月球表面。时至今日，1969 年 7 月 20 日仍然标志着人类最光辉的科学成就之一。世界上大部分人都全神贯注地待在电视和收音机旁，据报道，在那个夏夜连犯罪都消停了下来。

到 1972 年，阿波罗计划的宇航员们一共成功登陆月球六次。但那一年之后，就再也没有人重登月球。

不过，这一切都有望发生改变：NASA 宣布启动 2024 年登月新计划，追溯阿姆斯特朗的脚步。NASA 并不是唯一一家着眼于月球的机构；杰夫・贝索斯的亚马逊和伊隆・马斯克的 SpaceX 都在评估未来登月之旅的可能性。

无论是谁率先重返月球，有意见事情是可以肯定的：全人类将再次共同凝望月球。

赏析：这是阿波罗登月 50 年纪念的一篇赏析，同时也提出了重返月球计划。

这篇文章中有几处需要把握好词的含义。比如第一段中的 pretty mean year，这里的 mean 本身就有很多含义：小气、残酷、意思等，因为这里是形容词，结合上下文，这一年并不好过，因为有冲突，所以翻译为“残酷的一年”比较合适。再比如 before or since 指的是在这之前和之后，正好与汉语成语“有史以来”相吻合。

在句子的翻译上，“With most of the world glued to their TVs and radios，crime reportedly ground to a standstill that summer evening.”是一个独立主格结构，里面讲到了两部分，即全世界的人在关注着电视和收音机，犯罪分子也消停下来了。译者在这里把它当作两个小分句进行了翻译。

例 7

"*Friends*" to hit cinemas as it turns 25

"*Friends*", the star of 90s sitcoms and the undisputed king of reruns, is hitting the silver screen in September on the occasion of the 25th anniversary of its television debut.

In what has encouraged Friends enthusiasts to gang up, 12 classic episodes from the show that are newly remastered in 4K will be screened in the US over three nights, accompanying never-before-seen footage and exclusive interviews with the ensemble crew.

The enduring popularity of the decade-long show set in NYC about six friends in the 90s remains a cultural conundrum. According to a study from TV Time, "*Friends*" was still the most binge-watched TV programme of 2018.

Its popularity among the 30-and 40-somethings and the Gen Z alike forced Netflix to foot a whopping $ 100 million bill last December to retain streaming rights for another year, pleasing thousands of fans who sighed a petition for the same.

"*Friends*" is served with a tinge of nostalgia and the characters are reminiscent of a bygone era. The show has defined a generation of folks long before digital communications penetrated into our lives. The equation between the friends is particularly comforting and prompts you to grab a warm cup of coffee with you.

译文：开播 25 周年，《老友记》登录院线

无可争议的重播之王、90 年代热门情景喜剧《老友记》将在九月登上银幕，庆祝其电视首播 25 周年。

12 集 4K 重制版《老友记》将分三晚在美国院线上映，让剧迷齐聚一堂；重制版中还将包括一些从未曝光的片段和剧组人员的独家采访。

这部连播长达十年之久的电视剧以 20 世纪 90 年代的纽约为背景，讲述了六位好友的生活故事，其经久不衰的热度至今仍是一个文化谜团。据电视剧网站 TV Time 调查显示，2018 年《老友记》仍是刷剧人次最多的电视剧。

上到三四十岁人群，下到“00 后”群体，都对这部剧青睐有加，以致网飞公司不得不在去年 12 月豪掷 1 亿美金续约下一年的转播权，以迎合数千粉丝的联名请愿。

《老友记》伴随着一丝怀旧的气息，剧中人物让人想起过往的时光。这部剧刻画了生活还未被数字通信渗透的那一代人。剧中好友的相处让人倍感舒适，让人想要约上三五好友，一起来杯热咖啡。

赏析：这篇文章的内容是大家所熟悉的电视情景剧《老友记》，在播出 25 年之后，即将要搬上电影荧幕这一事情。文中出现了很多长句子，根据中英文的语言阅读和表达习惯，并没有进行直译。

比如："*Friends*"，the star of 90s sitcoms and the undisputed king of reruns，is hitting the silver screen in September on the occasion of the 25th anniversary of its television debut.

文中的第一段其实就是一句话。以"friends"开头，也做了整句话的主语，中间用逗号隔开了一个名词短语 the star of 90s sitcoms and the undisputed king of reruns，用来解释和说明 friends，其实是主语的同位语。那么在翻译的时候，同位语可以在目的语语言中做同位语，当然也可以做修饰语，在译文中做了修饰语，并做了主语的前置定语，符合汉语的表达习惯。这句话中 on the occasion of the 25th anniversary 的意思是"在 25 周年之际"，在译文中把介词短语动词化，加入了"庆祝"。如果按照介词短语来翻译的话，就是：《老友记》将在九月，在其电视首播 25 周年之际登上荧幕。这里用了直译的方法。但是这部影片为什么要选在九月呢？就是为了庆祝 25 周年，因此在翻译中要把字面背后的含义尽量地表达出来。

除了句子之外，在词的翻译上译者也做了精准的把握。比如：the enduring popularity of the decade-long show，在这个句子里把 enduring 翻译为"经久不衰"，用了汉语的四字成语，意思对应的同时，也给译文增添了不少文采。

例 8：

People Are More Honest Than We Think，New Study Finds

People are more likely to return a lost wallet with money inside than an empty wallet，concluded a group of international researchers who set out to rest the tension between financial self-interest and honesty of people around the world.

People on average returned 40% of wallets with no money in them but 51% of wallets with some money, according to a paper published online in the journal *Science* on Thursday.

The findings run counter to a fundamental principle of classical economics and suggest that sometimes be more influential than economic self-interest.

A purely economic approach to behavior suggests people would keep the wallets with the larger amounts of money due to the increased financial reward, but economics often doesn't account for a person's sense of honesty or self-image, according to behavioral scientists.

Altruism also influenced the findings; the study's authors say. Researchers also included instances when the wallet either had or didn't have a key, which would be useless to the wallet. People were 9.2% more likely to return a wallet with a key inside.

译文：

新研究发现人们比我们想象的更诚实

一群来自不同国家的研究人员总结发现，如果捡到了钱包，人们更可能归还还装着钱的钱包，而不是空钱包。他们在世界各地展开试验，旨在测试人们面对自己经济利益和诚信时，如何权衡两者利弊。

根据周四发布的《科学》期刊网站上的一篇最新论文，平均而言，捡到空钱包的人有40%会归还；但如果钱包里有钱，却有51%的人会归还。

这些调查结果有悖于古典经济学中的一项基本原理，也表明诚信、利他主义和自我形象有时可能会比自身经济利益对我们影响更大。

作为科学家们表示，用纯粹的经济学方法来解读行为，人们可能会保留着装着较大金额金钱的钱包，因为这么做的经济回报更多；但经济学通常并不会对人的诚信感或自我形象做出解释。

该研究的作者表示，利他主义对研究结果产生了影响。研究人员还纳入了钱包中装有钥匙或没有钥匙两种情况。钥匙对于捡到钱包的人来说毫无用处，对于丢失了钱包的人来说却是十分重要的。如果钱包里有钥匙，那么归还钱包的概率会多出9.2%。

赏析：这篇文章一共五段，除了第五自然段之外，基本上每一段就是一句话，也就是长句子居多。那么根据以往的经验，对于长句子，要按照汉语的习惯进行语意的切割，然后翻译成一个个小句子。

有时，一些句子常是由于它的成分多而造成的，那么这种时候，译者就要根据不同成分的内容按照目的语的语言习惯进行排序。比如第一句话中 concluded a group of international researchers 意思是“由全球不同国家的研究人员得出的结论”，把这句话放在结论后面的原因是，在研究人员之后还有 who 引导的定语从句做修饰。那么对于这么一个复杂的长句子先进行句意划分，在 who 这里把句子分成两部分。按照汉语习惯，在第一部分的翻译上，把研究人员放在句首，点明动作发生的机构和人员。在第二部分是对 researchers 进行修饰和展开说明。因此，用两个短句分开翻译较为合适。

例 9：

Two cities tussle over who makes the tastiest Sichuan hotpot

Chengdu，the capital of Sichuan province，has an ancient rivalry with Chongqing，a city to its south-east. Residents of Chongqing accuse their Chengdu cousins of being pompous. The people of Chongqing are hotheads，Chengdu dwellers shoot back.

Both cities share a love of spice-laden Sichuan cuisine，which recently has conquered Chinese palates. But they are at war over which has the best Sichuan hotpot —a type of DIY-cooking that involves boiling vegetables and slices of meat in a communal broth with chilli and numbing peppercorns.

A private museum in Chongqing makes the case for Chongqing-style hotpot，and Chengdu is playing catch-up. In January the city sold a plot of land on condition that the developer build a hotpot museum on part of it.

The two cities are among many in China with their own styles of hotpot. The stories behind these dishes reveal how different regions like to see themselves. Chongqing's is said to highlight the ingenuity of the proletariat. Other places describe their hotpot as the sophisticated food of emperors.

But Sichuan-style broths are the most commonly savored in China. China has around 350，000 hotpot restaurants. About 40，000 are in the Chongqing region alone.

The more adventurous tastes of younger Chinese are fueling demand. They have little time to cook at home and are unburdened by child-care duties. Round-the-clock restaurants are sprouting up to allow leisurely feasting.

译文：两座城市争论谁的四川火锅最美味

四川省会成都与位于其东南方的重庆宿怨由来已久。重庆人指责成都的同胞们傲慢自负，成都人则回击称重庆人鲁莽性急。

这两座城市都喜爱辣劲十足的川菜。近些年来，川菜已经征服了中国人民的味蕾。但现在，两座城市为谁的四川火锅最好而争得不可开交。四川火锅是一种自助式的烹饪方法，食客们共用一口锅，汤总配以辣椒和花椒，加以各种蔬菜和肉片烹煮。

重庆的一家私人博物馆力证渝式火锅最正宗，而成都火锅也不甘示弱。今年 1 月，成都市出售了一块土地，条件是开发商必须用部分土地修建一座火锅博物馆。

除了成都和重庆，中国还有许多城市火锅风格各不相同。这些佳肴背后的故事揭示了不同地区眼中的自己。有人说，重庆火锅彰显了无产阶级的创造力；有些地方则把当地的火锅描述为御用的珍馐。

但在中国最受欢迎的，还要数川式火锅。全中国大约有 35 万家火锅店，仅重庆地区就有 4 万家。

中国的年轻人更敢于尝试新口味，这刺激了火锅的需求。他们通常没时间在家里做饭，也没有照顾孩子的重担。24 小时营业的餐厅如雨后春笋般涌现，供人们“巴适”地大快朵颐。

赏析：这是一篇关于中国美食——四川火锅的争议。文中对重庆和四川两地对火锅的美味的争论进行了分析，并对全国范围内的这一美食进行了比较分析。

这篇文章的长句子也比较多，在译文中对长句的分析和成分的位置处理都很值得学习。比如在第一段中，提到“成都”和“重庆”这两个地方的时候，分别用到了同位语 the capital of Sichuan province 和 a city to its south-east，一个是指出了行政地位是四川省的省会，以这个指出了地理位置是在成都东南方。这样两个同位语加长了英文的原文，在翻译中把同位语作为定语来处理。紧接着把重庆人和成都人的牢骚和指责分别用两个句子进行了说明，在汉语译文中，译者加入了连接词“则”，增强了句子语气。

在文中第二段的第一句话中用了 which 引导的非限制性定语从句，来说明川菜在中国的地位。在翻译中用了切分译法，先表明两座城市对川菜的观点，再说明川菜的位置。在第二句话中，有 which 引导的定语从句，还有破折号之后的解释说明，并且在解释中加入了 that 引导的定语从句，一环扣一环。译者对这句话的处理也是进行句意的划分。在破折号处进行句意划分，前面说明两地人们就火锅的正宗问题进行争论，后面就四川火锅进行了解释和说明。

例 10：

Beijing is building a colossal new airport

Officials use many superlatives to describe a massive new airport nearing completion in Daxing district on Beijing’s southern edge. It deserves them all.

The golden-roofed terminal is a triumph of design by British architect Zaha Hadid. At 180，000 square meters，the building’s steel roof will be the largest of any airport terminal.

The ground floor has the word’s biggest seamless single slab of concrete. It covers nearly 250,000 square meters，roughly the area of 35 football pitches.

Daxing airport is due to open in September. Officials call it a gift for the country’s 70th birthday，which will be celebrated on October 1st.

The airport is also interned as a gift for the relatively underdeveloped region south of the capital. It is roughly equidistant between the centre of Beijing and Xiongan，which is being built in Hebei province，south of Daxing，to relieve population pressure on the capital.

China needs many more new airports. The International Air Transport Association predicts that by the mid-2020s China will surpass America as the world’s largest aviation market. By 2037 China will be serving 1.6bn air passengers yearly，1bn more than in 2017，it reckons.

译文：北京正修建一座巨大的新机场

中国官方用了许多盛赞之辞来形容一座即将竣工的巨大的新机场，该机场位于北京南部边缘的大兴区。这些赞美它都当之无愧。

机场的金顶航站楼是英国建筑师扎哈·哈迪德的设计杰作。该航站楼的钢结构屋顶面积广达 18 万平方米，将成为世界所有机场航站楼之最。

航站楼底层铺设着世界上面积最大的无缝混凝土地板，占地将近 25 万平方米，大约是 35 个足球场的面积的总和。

大兴机场预计将在九月投入使用。10 月 1 日是中国国庆节，官方将新机场称为献给祖国 70 周年华诞的贺礼。

这座机场也被视为献给相对欠发达的北京南部的一份礼物。新机场到北京市中心和雄安新区的距离大致相等；后者位于大兴以南的河北省，目前仍在建设中，它的设立旨在缓解首都的人口压力。

中国需要更多的新机场。据国际航空运输协会预测，到 21 世纪 20 年代中期，中国将超越美国成为全世界最大的航空市场。该协会估测，到 2037 年，中国每年服务的航空旅客将达到 16 亿人次，比 2017 年多出了 10 亿。

赏析：这是一篇说明文，讲到了北京大兴国际机场建设、面积、作用和影响等。说明文的语言一般比较朴实，用平淡的词汇讲述一件物或者事情。

在语言上，原文用到了 it deserves them all，根据上下文是指巨大的新机场值得一切赞誉。在翻译上可以说：它值得一切赞誉。当然也可以像译文中的：这些赞美它都当之无愧。后者更合适一些，它紧接着上文的赞誉之词，在逻辑上更加紧密。

例 11：

Pub chain bans phones to protect social conversation

UK pub chain Samuel Smith's has reportedly banned customers from using mobile phones，Pads and laptops.

A memo sent out to managers said the brewery's policy is "not to allow customers mobile phones，laptops or similar devices inside our pubs."

It states that if a customer receives a call，then he or she should go outside to take it in the same way as it is required with smoking. Whether outside or inside，tablets and iPads must be prohibited.

It also declares that customers must not be allowed to receive transmitted pictures of sport or download music on the brewery's premises either inside or outside.

The brewery's policy is that "the pubs are for social conversation person to person."

It follows a similar rule that saw swearing banned in the chain's 300 pubs.

The strange rules are said to be enforced by the company's 73-year-old owner, who is rumored to enter the pubs undercover to check that they are being kept to.

One pub manager said that while it can be "detrimental" to have people on the phone, any restriction should be informal ad policed by the individuals themselves rather than being a strict rule.

译文：英国连锁酒吧禁止使用手机，以鼓励“社交对话”

据报道，英国萨缪尔·史密斯啤酒厂旗下的连锁酒吧已经禁止顾客使用手机，IPad 和笔记本电脑。

一条发送给酒吧经理们的备忘录称，该酒厂的政策是不允许顾客在我们的酒吧里使用手机、笔记本电脑或类似设备。

备忘录声明，如果有顾客接到了电话，那么他们就去外面接听，就像对抽烟的要求一样。无论是露天还是在酒吧内都不允许使用平板电脑。

该备忘录还声明，无论是酒吧内外，都不允许顾客在该公司的经营场所接收运动图片或下载音乐。

该公司的政策是：“酒吧是供人们进行面对面社交对话的。”

此前该公司还实施过一条类似的规定：禁止顾客在旗下 300 家连锁酒吧内说脏话。

据说，这些奇怪的禁止条令是由该公司 73 岁的老板强制施行；有传闻称他会到这些酒吧“微服私访”，以检查这些规定是否被遵循。

一位酒吧经理表示，虽然允许人们打电话可能会“产生不好的影响”，但任何限制条例都不应该如此正式，这应由人们来知觉遵循，而不是以严格的规定来管束。

赏析：这篇文章在标题的翻译上，用了不同的词来表达不同的感情色彩。字面意思是：英国连锁酒吧禁止使用手机，以保护“社交对话”。译文中，译者把“保护”换成了“鼓励”。原文作者想表达的意思就是让大家少做低头族，多进行积极对话，就是鼓励大家来交流。因此，这里对 protect 这个词的翻译就处理得很好。

在第一句话中用了 reportedly，虽然是副词，但是修饰的是整个句子，就是根据报道的意思，因此在译文中提前，译为“据报道”。

在文中第六句话中用了 that 引导的定语从句，在定语从句中用到了 banned 做了后置定语。那么 saw swearing 就是看见说脏话这一行为被禁止。用汉语正常的语序就是：禁止说脏话。这里把后置定语翻译成句子的谓语动词。

例 12：

Food Delivery APPs Are Drowning China in Plastic

In all likelihood，the enduring physical legacy of China's internet boom will not be the glass-steel office complexes or the fancy apartments for tech elites.

It will be the plastic.

The astronomical growth of food delivery apps in China is flooding the country with takeout containers，utensils and bags.

Scientists estimate that the online takeout business in China was responsible for 1.6 million tons of packaging waste in 2017，a ninefold jump from two years before. The total for 2018 grew to an estimated two million tons.

People in China still generate less plastic waste，per capita，than Americans. But researchers estimate that nearly three-quarters of China's plastic waste ends up in inadequately managed landfills or out in the open，where it can easily make its way into the sea. Plastic can take centuries to break down undersea.

For many overworked or merely lazy people in urban China，the leading takeout platforms Meituan and Eleme are replacing cooking or eating out as the preferred means of obtaining nourishment.

Across China's major takeout apps，orders worth a combined $ 70 billion were delivered in 2018，according to the analysis firm Research. By comparison，online food delivery sales in the United States are expected to total $19 billion this year，according to Statista.

译文：外卖软件正在用塑料淹没中国

中国互联网发展得如火如荼，它使得不朽的物质遗产极有可能不是玻璃和钢筋铸成的办公大楼，也不是供科技精英们居住的高档公寓。

而是塑料。

中国外卖软件的飞速增长产生了大量的外卖餐盒、餐具和塑料袋，这些塑料制品正如洪水般涌向中国。

据科学家估计，2017 年中国在线外卖业务产生了 160 万吨包装废品，是两年前的 9 倍。到 2018 年，这一总数更是增长至约 200 万吨。

中国人均垃圾产生量仍低于美国。但研究人员估计，近四分之三的中国塑料垃圾最终被运往管理不善的垃圾填埋场或露天场所，如此一来，他们很容易进入海洋。而在海中，塑料制品需要数百年才能分解。

对于许多工作过劳或者单纯犯懒的城市居民来说，美团和饿了么等主流外卖平台已经取代了做饭或下馆子，成为更受青睐的觅食方式。

据艾瑞咨询研究公司称，2018 年中国各大外卖软件的订单总计价值 700 亿美元(约合人民币 4 832 亿元)。相比之下，Statista 的数据显示，美国今年的再现外卖销售总额预计将达到 190 亿美元(约合人民币 1 312 亿元)。

赏析：这篇评论文说的是中国日益兴盛的外卖行业。随着外卖的兴盛，塑料垃圾的产生也越来越多。

在词汇的处理上，如 in all likelihood 是一个介词短语，表示的是“极有可能地”，在英文中，这样的介词短语要位于句子开头或者中间。但是在中文中，这样的副词含义是要位于动词前后的。因此在译文中，把这个短语的意思“极有可能”放在了主语“不朽的物质遗产”之后。

在句子上，原文中用了一个极有形象的比喻——is flooding the country with takeout containers “如洪水般地淹没了中国”，汉语表达中习惯用主动句，因此在译文中把 with 后介词短语放在了前面做了主语，即“这些塑料制品如洪水般涌向中国”。这样的翻译既忠实于原文，在感情色彩和修辞手法上也保持了一致。

参 考 文 献

[1] 李明．英汉互动翻译教程[M]．北京：清华大学出版社，2016.

[2] 林超伦．实战笔译[M]．北京：外语教学与研究出版社，2014.

[3] 钱歌川．翻译的基本知识[M]．北京：世界图书出版社，2011.

[4] 林崇德．心理学大辞典[M]．上海：上海教育出版社，2003.

[5] 林煌天．中国翻译词典[M]．武汉：湖北教育出版社，2005.

[6] 许建忠．翻译生态学[M]．北京：中国三峡出版社，2009.

[7] 许钧，何其莘，仲伟合．翻译概论[M]．北京：外语教学与研究出版社，2009.

[8] 卢植．认知与语言[M]．上海：上海外语教育出版社，2006.

[9] 刘世生，朱瑞青．文体学概论[M]．北京：北京大学出版社，2006.

[10] 刘和平．论本科翻译教学的原则与方法[J]．中国翻译．2009(6)：34-41.

[11] 梁启超．中国近三百年学术史[M]．北京：东方出版社，1996.

[12] 程斯辉．教育之道[M]．合肥：安徽教育出版社，2007.

[13] 冯建军．教育的人学视野[M]．合肥：安徽教育出版社，2008.

[14] 冯塔纳．教师心理学[M]．王新超，译．北京：北京大学出版社，2000.

[15] 辜正坤．互构语言文化学原理[M]．北京：清华大学出版社，2004.

[16] 辜正坤．中西诗比较鉴赏与翻译理论[M]．北京：清华大学出版社，2003.

[17] 郭纯洁．有声思维法[M]．北京：外语教学与研究出版社，2007.

[18] 胡裕树．现代汉语[M]．上海：上海外语教育出版社，1995.

[19] 贾馥茗．教育伦理学[M]．南京：江苏教育出版社，2008.

[20] 贾平凹．进山东[J]．中国文学．2000(1)：68-72.

[21] 连淑能．英汉对比研究[M]．北京：高等教育出版社，1993

[22] 吕叔湘．中国人学英语[M]．北京：中国社会科学出版社，2005.

[23] 穆雷．中国翻译教学研究[M]．上海：上海外语教育出版社，1999.